CATALOGUE

DE LA

BIBLIOTHÈQUE

DE

M. J. GANCIA

Deuxième Partie

VENTE A PARIS, RUE DES BONS-ENFANTS, 28

Salle Silvestre, nº 1

Le mardi 5 et le mercredi 6 mai 1868
à 7 heures 1/2 précises du soir

Par le ministère de Mᵉ DELBERGUE-CORMONT, commissaire-priseur
8, rue de Provence

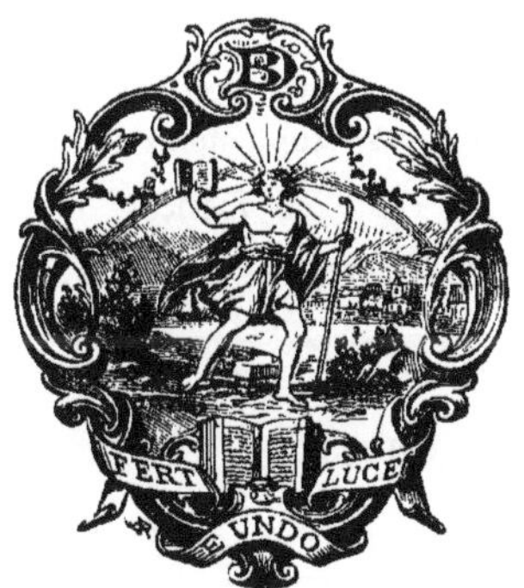

PARIS

LIBRAIRIE BACHELIN-DEFLORENNE

3, QUAI MALAQUAIS, 3

1868

CATALOGUE

DE LA

BIBLIOTHÈQUE

DE

M. J. GANCIA

La Vente aura lieu aux conditions d'usage et les commissions seront reçues à la Librairie Bachelin-Deflorenne.

ORDRE DES VACATIONS

Mardi 5 Mai 1868.

1 à 210

Mercredi 6 mai

211 à la fin.

CATALOGUE

DE LA

BIBLIOTHÈQUE

DE

M. J. GANCIA

Deuxième Partie

VENTE A PARIS, RUE DES BONS-ENFANTS, 28

Salle Silvestre, nº 1

Le mardi 5 et le mercredi 6 mai 1868
à 7 heures 1/2 précises du soir

Par le ministère de Mᵉ DELBERGUE-CORMONT, commissaire-priseur
8, rue de Provence

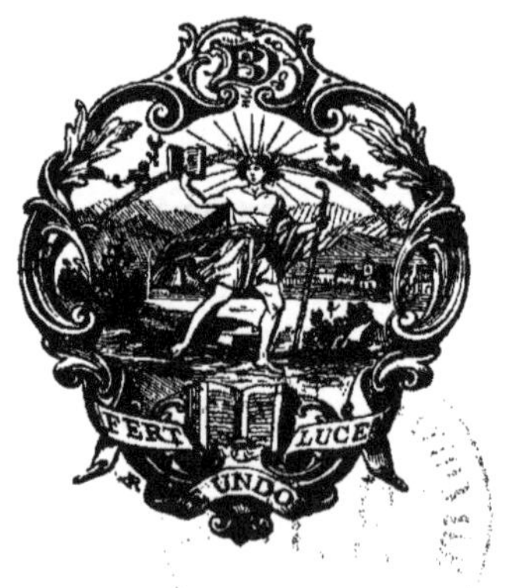

PARIS

LIBRAIRIE BACHELIN-DEFLORENNE

3, QUAI MALAQUAIS, 3

1868

CATALOGUE

DE LA

BIBLIOTHÈQUE

DE M. GANCIA

—

DEUXIÈME PARTIE

THÉOLOGIE

1. Heures nouvelles. Paroissien complet latin-français, à l'usage de Paris et de Rome, par l'abbé Dassance, etc. *Paris, L. Curmer,* 1841, gr. in-8, *figures,* br. non rogné.

   Belle édition, avec gravures d'après Overbech, et avec entourage à chaque page et titre en or et couleurs, et plusieurs autres belles gravures au burin sur papier de Chine ajoutées.

2. Reggio. La Miracolosa Vita di Santo Francesco di Paola. *Napoli,* 1581, pet. in-8, portr. sur le titre, cart.

   Bel exemplaire, orné de 46 figures sur bois dans des cartouches, plus un portrait de l'auteur, gravé sur bois.

3. Corneille. L'Imitation de Iesus-Christ, traduite et paraphrasée en vers par P. Corneille. *Imprimé à Rouen, par L. Maurry.* 1656, 3 vol. pet. in-12, *fig.* et titres gravés, v. jaspé.

   Le 1er et le 2e livre portent la date de 1656 ; le livre III, 1654.

4. Missale Romanum ex decreto sacrosancti Concilii Tridentin, restitutum, Pii V Pont. Maxim. jussu editum et Clementis VIII auctoritate recognitum. *Romæ,* 1620, gr. in-fol., *fig.,* riches bord., lettres capitales, cart.

   Un feuillet au milieu défectueux, restauré.

1

6. Divers Ecrits ou Mémoires sur le livre intitulé : Explication des Maximes des Saints, etc. *Paris, Jean Anisson*, 1698, in-8, v. brun.

Edition originale. Exemplaire avec piqûre dans le dos.

7. Bossuet. Mandement et Instruction pastorale de monseigneur l'évêque de Meaux sur le jansénisme. *Paris, J.-B. Christophe Ballard*, 1710, in-4, veau jaspé. (*Bel exemplaire.*) — Dans le même volume : Mandement de monseigneur l'évêque de Meaux, portant condamnation du libelle intitulé : Remarques de Henri de Bissy, etc. *Paris, ib.*, 1712.

8. Homélies (Les) de saint Jean-Chrysostome au peuple d'Antioche, par M. Maucroix. *Paris*, 1671, in-4, portr. et front. gravés par Boulanger, cart.

ÉDITION ORIGINALE, dédiée à M. Charles-Maurice Le Tellier. — Belle vignette. Paysage au-dessus de la dédicace.

9. Ross (Sir Alex.). Les Religions du monde, ou Demonstration de toutes les religions et heresies de l'Asie, Afrique, Amerique et de l'Europe. *Amsterdam, Abr. Wolfgang*, 1686, 3 vol. in-12, avec nombr. fig. fort bien gravées par Hollar.

10. Breviarium Romanum ex decreto sacrosancti Concilii Tridentini restitutum. *Parisiis, apud Jac. Kerver*, 1583, gr. in-fol., *fig.*, vélin.

Bel exemplaire d'une édition rare, imprimée avec encadrements à chaque page.

11. Flechier, Bourdaloue. Chefs-d'œuvre oratoires. — Massillon. Petit Carême. *Paris, Furne*, 1853, gr. in-8, *papier vélin*, br., non rogné.

12. Strauss. Vie de Jésus, ou Examen critique de son Histoire par le docteur Frédéric Strauss, trad. par E. Littré. *Paris*, 1856, 2 vol. in 8, br., non rogné.

13. Parallèle de la doctrine des Payens avec celle des Jésuites et de la Bulle Unigenitus. *Amsterdam, Nic. Potier*, 1731, gr. in-8, vélin.

Dans le même volume : Réponse de l'auteur du *Parallèle* à Mgr l'évêque de Macra, *Amsterdam*, 1731. — Réflexions simples et naturelles sur ce qui se passe aujourd'hui dans l'Église. *Amsterdam*, 1731. — L'État présent de l'Église représenté par le prophète Isaïe dans les ch. I, III, V. — Jésus-Christ sous l'anathème et l'excommunication. *Amsterdam*, 1731.
Collection de traités devenue rare.

14. Tortona. Historia della vita, martirio et morte di S. Martiano et di S. Innocentio, primi vescovi di Tortona. *Tortona, Bartolomeo Bolla*, 1599, in-4, avec 3 fig. sur bois, belle reliure neuve de vélin. (*Rare.*)

15. Bonaventura. Meditazioni devotissime di santo Bonaventura, la passióne del nostro signore Jesu Christo. *Vinegia, Bindoni,* 1538, in-8, fig. sur bois, cart.

> Édition rare, avec figures sur bois. La première porte le monogramme de M. S.

16. Riccius. Bartholomæi Riccii de Imitatione libri tres, ad Alfonsum Arestium principem. *Parisiis, apud Berd. Turrisanum, in Aldina Bibliotheca,* 1557, in-16, avec l'ancre Aldine sur le titre, vélin.

> Et là la fin, sur le dernier feuillet blanc, se trouvent 18 vers latins, manuscrits commençant ainsi : *M. Ant. Flaminius ad Barth. Riccium;* « *Ah iam rumpo silentium jocose.* »
> Bel exemplaire avec témoins d'un livre très-rare qui manque souvent aux collections aldines. Exemplaire du poëte Antonius Flaminius, avec 18 vers autographes de Poésies Macaroniques inédites.

17. Exposition de la doctrine de l'Eglise catholique sur les matières de controverse, par Bossuet. *Paris, G. Desprez,* 1738, in-12, v. br. (Bel exemplaire de la 2e édition originale.)—Instructions et Maximes pour les personnes qui veulent vivre chrétiennement dans le monde. *Paris, Jacques Estienne,* 1719, in-12, v., br. (Edition originale, par Fénelon.)

18. Dolce. La Vita di San Giuseppe, descritta in ottava rima. *Vinegia, Gabriel Giolito de Ferrari,* 1561, in-4, titre gravé, dem.-rel. — Vita della B. Caterina da Bologna, raccolta da vari scrittori. *Bologna, Vita Benacci,* 1611, pet. in-8, cart.— Fiori vaghi delle vite de Santi, delle Chiese della citta di Castello. *In Citta di Castello,* 1627, in-12, *fig.,* vél.

19. Traité de l'Infini créé, avec l'explication de la possibilité de la transsubstation, par Malebranche. *Amsterdam, chez Marc Michel Rey,* 1789, pet. in-8, cart., non rogné.

20. Breviarium monasticæ congregationis Casalis Benedicti, pars Hyemalis et pars Estivalis. *Parisiis, Sebast. Nivelli,* 1586, 2 vol. in-8, goth., 2 col., fig. sur bois, mar. rouge, à riches comp., à pet. fers, tr. dor. (Rel. tant soit peu fatiguée.) *Exemplaire de Peiresc.*

21. Salut pour les premiers mercredis de chaque mois, qui a coutume d'être chanté dans la chapelle des prisons de la Conciergerie. Fait le 27 avril 1756. In-4 de 10 feuillets, mar. rouge, riche dentelle, armoiries un peu effacées. (*Pasdeloup.*)

22. La Vita di san Placido et suo martirio, descritta in ottava rima da D. Felice Passero. *Venetia, Giolito,* 1589, in-4, vignettes et lettres ornées, vélin.

> Bel exemplaire. A la fin se trouvent les Lagrime di S. Pietro.

23. Vie de Saincte Catherine de Siena, gravée par Francesco Vanni, d'après Matteo Florini. In-4 oblong, monté sur onglets, cart. *(Collection de 34 belles pièces.)*

24. Franciscus. D. Seraphici Francisci totius evangelicæ perfectionis exemplaris admiranda Historia, Philippus Galleus excudit. *Anvers*, 1587, in-4, *fig.*, cart.

> Bel exemplaire en papier vélin. Belles épreuves avant le texte de 19 pièces, y compris le titre. Chaque planche est entourée d'une jolie bordure italienne différente à toutes les pages.

25. Della Vita di S. Eustachio martire, descritta da Manzini, libri tre. *Bologna*, 1631, in-4, vélin. (*Rare.*)

> Bel exemplaire en GRAND PAPIER. Cette édition est dédiée au marquis Anton. Giulio Brignole Sale, famille illustre génoise.

26. Pascal. Les Provinciales, ou Lettres escrites par Louis de Montalte à un provincial de ses amis, et aux RR. PP. Jésuites, avec la traduction en latin par G. Wendrock, en espagnol par Grat. Cordero, en italien par Brunetti. *Cologne (Holl.)*, 1684, in-8 à 2 col., v. f. (Edition dite *en quatre langues.*)

27. Rosario de la Gloriosa Vergine Maria. *Venetia, Sessa et Piero de Ravani*, 1522, in-8, *fig.*, et titre gravé, cart.

> PREMIÈRE ÉDITION et la plus rare. Quelques feuillets à la fin ont été raccommodés dans les marges d'en haut. Les priviléges portent la date de 1521.

28. Directorium aureum contemplativorum de novo revisum et emendatum, collationes tres, etc. Tractatulus, etc. *Antverpiæ*, 1516, in-8, goth., vél.

> Bel exemplaire de *Ballesdens* dans sa reliure originale.

— Lavacrum conscientiæ omnium sacerdotum. S. l. et a. (*Parisiis, circa* 1500), pet. in-8, goth., figure sur le titre, vél.

> Bel exemplaire avec la signature de LE CLERC sur le titre.

JURISPRUDENCE

Ecclésiastique et Civile.

29. Traité de l'autorité du Pape : dans lequel ses droits sont établis et réduits à leurs justes bornes, et les Principes des libertez de l'Eglise gallicane justifiés. *La Haye*, 1720, 2 vol. en un in-12, figure de la Justice sur les titres, veau brun.

> Livre fort rare et mis à l'index.

30. Aymari Rivallii Allobrogis iurisconsulti ac oratoris libri de
historia iuris civilis et pontificii. *Valentiœ, Lud. Olivelli, s. a.*
(1515), in-4, dem.-rel., vél.

> Un des premiers livres imprimés à Valence sur le Rhône.
> Edition rare. Voir Brunet (tome IV, page 96, 1844), qui en a donné
> la marque de l'imprimeur. (Taches d'eau.)

31. Decreta Provincialis Synodi Ravennatis. *Ravennœ*, 1583, in-4,
figure sur le titre, gravé en bois, vél.

32. Constitutiones Marchie Anconitane noviter emendate, cum
additionibus noviss. Sixti pape quarti. *Perusie, apud Leonem
Glandianum*, in-fol. goth., à 2 col., cart.

> Magnifique exemplaire avec témoins; manquent quelques lignes au
> dernier ff.

33. Bourdin. La Paraphrase de M. Gilles-Bourdin, procureur-gé-
néral en la Cour du Parlement de Paris. *Paris, Jehan Borel,*
1578, in-8, veau brun, milieu en or.

34. Constitution sur le clergé de France. Emprunt de seize mil-
lions. (Emprunt de 1782.) In-fol., cart., de 4 pp. *Imprimé sur
vélin.* — Lettres patentes du roy, qui permettent aux estrangers
d'acquérir des rentes assignées sur les revenus des postes.
Paris, Fr. Muguet, 1696, in-4 de 2 feuilles. — La Constitution
française présentée au roy par l'Assemblée nationale, le 3 septembre 1791. *Paris, Baudouin*, 1791, in-4, br., non rogné. —
Autre exemplaire. *Paris*, 1791, en papier azuré, non rogné.

SCIENCES ET ARTS

I. — Philosophie, Morale.

35. Les Conseils de la sagesse, ou Recueil des maximes de Salomon. *Paris, Seb. Mabre-Cramoisy*, 1692, 2 tomes en un
vol. in-12, titres gravés et imprimés, mar. rouge, dent., tr.
dor.

36. Maximes et Réflexions morales du Duc de la Rochefoucauld,
traduites en grec moderne par Wladimir Brunet, revues et cor-
rigées par G. Theocharopulos de Patras. *Paris, Firmin Didot,*
1828, in-8, br., non rogné.

> Belle édition avec le texte français et une traduction anglaise en re-
> gard.

37. Les Caractères de Theophraste, trad. du grec, avec les caractères ou mœurs de ce siècle et la clef. *Paris, Etienne Michallet,* 1700, 3 vol. in-12, fig., v. br. — Suite des Caractères de Theophraste et des pensées de M. Pascal. *Paris,* 1689.—Les mêmes, 3 vol. en un in-6, pet. piq. au 1er vol.

38. Giamboni. Della miseria dell' ameno Giardino di consolazione, introduzione alle virtù. *Firenze,* 1835, gros in-8 br., non rogné.

Edition devenue rare citée par l'Académie de la Crusca.

39. De l'Usage des Passions, par Senault. *Suivant la copie imprimée à Paris,* 1643, in-12 vélin.

Bel exemplaire en papier fort.

40. Pièces morales et sentimentales de Mme J.-W. (Wyne), comtesse de Rosemberg. *A Londres, chez J. Robson,* 1785, in-12, papier azuré, br., non rogné. (*Volume rare.*)

41. Dialogo pio e speculativo, con diverse sentenze latine et volgari di Messer Gabriel Symeoni Fiorentino. *Lyone, G. Roviglio,* 1560, in-4, fig. sur bois attribuées à Geoffroy Tory, cart.

42. Herone. Gli artificiosi e curiosi moti spiritali di Herone, con i quattro theoremi. *Bologna,* 1647, in-4, fig. sur bois, vélin.

43. La Manière de bien penser dans les ouvrages d'esprit en dialogues. *Amst.,* 1705, in-12, frontispice gravé, demi-rel. de mar., *non rogné.* — Pensées morales de Plutarque, recueillies et traduites par P. Ch. Levesque. *Paris, Debure et P. Didot,* 1794, 2 vol. in-18, broché, non rogné.

44. Discorso del Sig. Francesco Guidani della vera Nobilta. *Venetia,* 1574, in-4, cart. — Considerazioni sopra i discorso di Galileo Galilei intorno alle cose che stanno su l'acqua, e che in quella si muovono. *Firenze,* 1613, in-4, armes sur le titre, cart., non rogné. — Guiducci. Lettera a Tar. Galluzi sull' Astronomia e Filosofia. *Bologna,* 1545, in-4, vélin. — Dans le même volume : Lettera del Signor Galileo Galilei al Ser. Principe Leopoldo di Toscana. *Bologna,* 1655.

45. Ragionamenti di Lorenzo Capelloni sopra varii esempi civili et militari. *Genova,* 1584, in-4, vél. (*Première édition.*)

46. La Philosophie du Bontens, ou Réflexions philosophiques, etc., par l'abbé d'Olivet. *A la Haye,* 1740, 2 vol. in-12, port. et titre gravé, vélin.

Le beau portrait de Jean Baptiste de B..., marquis de .... et gravé par Schley, le frontispice en brillante épreuve, est le chef-d'œuvre de Tanjé.

47. La Moral philosophia del Doni, tratta da gli antichi scrittori. *Vinegia, Fr. Marcolini,* 1552, 2 tom. en 1 vol. in-4, fig. en bois.

Edition originale de ce recueil rare et curieux, orné de belles gravures en bois (*Manuel*, II, 125). C'est un recueil de nouvelles, de facéties, etc.

II. — Astronomie, Astrologie, Sciences diverses.

48. Le Spéculateur philosophe, ou Idée générale des choses physiques, morales, naturelles, civiles-politiques et de commerce, par M. R. *Amsterdam (Paris),* 1746, in-12, élég. rel., non rogné.

49. Fullone. Descrizione et uso dell' Holometro, per saper misurare tutte le cose. *Venetia,* 1564, in-4, fig. et vign., dem.-rel., non rog.

Exemplaire avec la signature Antonii Ricciardi.

50. Albumazar. Opus de magnis conjunctionibus. *Venetiis, Sessa,* 1515, in-4 goth., fig. sur bois, dem.-rel. de mar. rouge.

51. Epitoma Chyromantico di Patritio Tricasso da Seresari Mantouano. *Venetia, Agostino Bindoni,* 1538, in-8, fig. sur bois, *cart., non rogné.* — Morato. Del Significato de colori e de mazzoli, operetta di Fulvio Pellegrino Morato. *Vinegia, Fr. Leno,* 1549, in-8, marque sur le titre.

Bel exemplaire d'un livre rare.

52. Sendebar. Trattati diversi di Sendebar indiano, allo illmo et ecc. S. Cosimo de Medici dedicati. *Vinegia, nell' Academia Pellegrina,* 1552, in-4, dem.-rel. neuve de vélin.

53. Religion du monde de Mercure. *A Genéve,* 1750, 2 vol. en un in-12, fig., cart., non rogné.

Bel exemplaire en GRAND PAPIER FORT.

54. Giulio osseqente de Prodigii. Polidoro Vergilio de Prodigii. Libri m. per Damiano Maraffi, fatti Toscani. *In Lione, per Giovan. di Tournes,* 1554, in-8, fig., vélin.

Première édition de cette traduction avec les figures du Petit-Bernard, publiée une année avant l'édition française.

55. Cesare. Resolution d'alcuni dubii sopra la corretione dell' anno di Giulio Cesare. *Venetia,* 1582, in-4 avec fig. sur le titre, veau fauve.

Exemplaire de Peiresc, avec sa marque de double o croisé des doubles i.

56. Messie Pierre. Les diverses leçons de Pierre Messie, gentil-homme de Séville, contenant variables et mémorables histoires par Claude Gruget. *Lyon,* 1570, 4 parties en 2 vol. in-16, veau jaspé, soulignures dans le courant des vol.

57. Falcone. La Nuova, vaga et diletevole villa, opera di agricoltura di Caccie. *Pavia, Viano,* 1597, in-8, vélin.

58. Des Periers. La Prognostication des Prognostications, non-seulement de ceste présente année 1537, mais aussi des aultres à venir, voire de toutes celles qui sont passées, composée par Maistre Sarcomoros, natif de Tartarie, et secrétaire du puissant roy de Cathay (en vers). *S. l.,* 1537, in-8 de 7 ff.

> Pièce fort rare, dont l'auteur est Bonav. des Periers ; elle se trouve dans ses Œuvres publiées dans la Bibliothèque Elzévirienne de P. Janet, qui contient en plus : *La Préface à la Royne de Navarre,* en 24 vers. A cet exemplaire manquent les feuillets A. IV. B. I.

59. Discours de la connoissance des Bestes, par Ignace-Gaston Pardiez. *Paris, Seb. Mabre-Cramoisy,* 1678, in-12, vélin.

> Bel exemplaire provenant de la bibliothèque de M. Clerch, avec notes marginales d'une fort jolie écriture.

60. Crescientio (Piero). De Agricultura vulgare. *Venetiis, die nono mensis Julii, anno* 1519, in-4 à 2 col., avec figures au titre, au recto du titre et dans le courant du texte, cart.

> Edition italienne fort rare, avec jolies figures sur cuivre. Petit raccommodage au titre.

61. Dutens. OEuvres mêlées (Traité des pierres précieuses et des pierres fines, la Logique, Lettres sur divers sujets, Lettres de J.-Jacques Rousseau, Poésies). *Genève,* 1784, in-16, br., non rogné.

62. Libri. Histoire des Sciences mathématiques en Italie, depuis la renaissance des Lettres jusqu'à la fin du XVIIe siècle. *Paris, F. Renouard,* 1838, 2 vol. in-8, br., non rogné.

63. Le Miroir des Almanachs parfaits, pour l'an des trois éclipses merveilleux 1605, exactement calculé par le grand Moissonier, astrophile et mathématicien excellent, avec les figures célestes. *Lyon, par Jacq. Roussin,* 1605, in-16, vél.

> A la fin se trouvent trente feuillets d'une édition de 1592, contenant seulement plusieurs notables receptes, par le sieur Mycropède, et Foires de France et de l'Europe, etc.

III. — Jeux, Équitation, Musique, Écriture, etc.

64. Cento giuochi liberali et d'ingegno nuovamente da M. Innocentio Ringhieri, in dieci libri descritti. *Vinegia, Bonelli,*

1553, in-4, fig. sur le titre et lettres historiées, vél. (Bel exemplaire.)

65. Cento giuochi liberali et d'ingegno da M. Innocentio Ringhieri, gentilhuomo bolognese, ritrovati et in dieci libri descritti. *Bologna*, 1551, in-4, fig. sur le titre, vélin.

> Bel exemplaire.

66. Trattato della Scherma d'Angelo Vizani dal Montone Bolognese. *Bologna*, 1588, pet. in-4, fig. dem.-rel.

67. Gran Simulacro dell' arte et dell' uso della Scherma di Ridolfo Capoferro da Cagli. *In Siena, per Salvestro Marchetti*, 1610, in-fol. oblong, avec figures, vélin.

68. Orpheus. De Caracterum et Litterarum Inventoribus ex picturis Bibliothecæ Vaticanæ liber. Luca Orphei Fanensi Scriptori. *Romæ, in Vico Parionis, s. a.* (1530), in-4 oblong, titre gravé, et 21 planches d'écritures gravées apparemment par les élèves de *Marc-Antoine*.

> Manque la planche VI. Taché. Fort rare.

69. Grisone. Ordini di cavalcare et modi di conoscere le nature de' cavalli. *Pesaro*, 1556, in 4, fig., cart.

> Bel exemplaire, rempli de témoins, sauf piqûre qui traverse le volume.

70. Il primo libro di Lettere corsive moderne di Gio. Battista Pisani, scrittore arimnietico. *Genova*, 1641, in-4 oblong, titre gravé et 26 ff. de modèles, dem-rel. de mar. vert.

71. Nuovo Trattato utilissimo de Cannarini, con la maniera d'allevarli, d'accopiarli anche uccelli di specie diversa, etc. *Venetia*, 1724, in-12 de 10 ff. et 297 pp. fig. cart. non-rogné.

> Petit traité rare, avec deux planches de musique.

72. Collection de trente - neuf figures de chevaux et autres animaux fort bien gravées à l'eau - forte (Larg. 66 millim. Haut. 44), montées sur onglets, cart., non rogné. Figures fort rares.

73. Breve Trattato dei tiri de gli Archibugi e Moschetti di Giuliano Rossi. *Anversa*, 1625, pet. in-8, fig. et port. de Isabelle Clara Eugenia Enfanta di Spagna, à qui ce livre est dédié, vélin. (Bel exemplaire.)

74. Ruinetti. L'idea del buon scrittore, Opera prima di Tomaso Ruinetti da Ravenna, a beneficio de desiderosi d'imitare le vere forme dello scrivere. *Roma*, 1619, in-fol. obl. port., cart. (Manque une planche.)

75. Capoferro. Gran Simulacro dell' arte et dell' uso della Scherma di Ridolfo Capoferro da Cagli. *Siena, 1610,* in-fol. oblong, fig. de Tempesta ? vél.

76. Caroso. Il Ballarino di M. Fabritio Caroso da Sermoneta, diviso in due trattati. *Venetia, appresso Franc. Ziletti, 1581,* in 4, vélin. Livre fort rare, manquent quelques feuillets au milieu.

77. Nouveau Traité de l'art des armes, dans lequel on établit les principes certains de cet art, par Nic. Demeuse. *Liège, Desoer,* 1774, in-12, avec 14 fig. pliées, élég. d.-rel., non rog.

78. Traité des Danses, auquel est amplement résolue la question, à sçavoir s'il est permis au Chrestien de danser. *S. l. (Paris),* 1582, in-12, dans un joli cart. (*Rare.*)

IV. — Chasse.

79. Fontaine Guérin. Tresor de venerie, poeme composé en 1394, publié par M. le baron J. Pichon. *Paris,* 1855, pet. in-4, fig. sur pap. de Chine, broché, non rogné.

Edition tirée à 50 exemplaires.

80. Raimondi. Le Caccie delle fiere armate e disarmate, e degli animali quadrupedi, volatili e acquatici, di Eugenio Raimondi. *Brescia, Bart. Fontana,* 1621, in-8. vélin.

81. Le Livre de la chasse du grand seneschal de Normandye et les ditz du bon chien Souliard, publié par le baron Pichon. *Paris, A. Aubry,* 1858, in-12, cart. en toile, non rogné.

82. Baldovino. Il Simoncello, overo della Caccia. Dialogo di Baldovino di Monte Simoncelli, de' signori di Viceno. *Firenze, Zacconi Pignoriti,* in-4, dem.-rel. de mar. rouge.
— Acanti. Il Rocolo, ditirambo di Aureliano Acanti, acc. Olimpico Vicent. *Venezia,* 1754, in-4, fig. dem.-rel.

Ensemble deux volumes rares sur la chasse.

83. La Caccia di Giacomo di Foglioso, scudiero e signore di esso luogo, paese di Gastina in Poitu. *Milano, Ant. Conci,* 1615, in-8, fig. sur bois, vél.

84. Degli Uccelli in Gabbiao, vvero ammaestramenti per allevare, pascere et curare gli uccelli di Cesare Manzini. *Bologna,* 1709, in-12 dans un joli cartonnage.— Bonfadini. La Caccia dell arcobugio del capitano Vita Bonfadini, con la pratica del tirare in

volo, in aere et a borita. *Bologna, Gioseffo Longhi* (1673), pet. in-12, fig.

Exemplaire court d'en haut. Livre de chasse fort rare.

85. Belon. Histoire de la nature des Oyseaux, avec leurs descriptions et portraicts retirés au naturel, par Pierre Belon du Mans. *Paris, Gilles Corrozet,* 1555, in-fol., fig., veau brun. — Double du Musée Britannique, marque au dos du titre et sur le dernier feuillet.

86. Tempesta. Suite de douze chasses, gravée par Ant. Tempesta et N. Billy. *Roma,* 1598, in-4, oblong, fig. montées sur onglet, cart.

BEAUX-ARTS

I. — Généralités. Vies de peintres, etc.

87. Destailleur. Notices sur quelques artistes français, Architectes, Dessinateurs, Graveurs, du XVIe au XVIIIe siècle. *Paris,* 1863, gr. in-8, pap. vél., élég. dem.-rel., non rogné.

88. Passeri. Vite de'pittori, scultori ed architetti che hanno lavorato in Roma, morti dal 1641 fino al 1673, di Giambattista Passeri, pittore e poeta. *Roma, Greg. Settari,* 1771, in-4, initiales ornées, dem.-rel.

PREMIÈRE EDITION. Bel exemplaire en grand papier supérieur.

89. Langlois. Essai historique, philosophique et pittoresque sur les danses des morts, accompagné de cinquante-quatre planches et de nombreuses vignettes. *Rouen,* 1852, 2 vol. gr. in-8, fig. de la Danse des Morts, papier vélin br., non rogné.

90. Demmin. Guide de l'Amateur de Faïences et Porcelaines, Poteries, Terres Cuites, peinture sur Lave et Emaux ; 2e édition. *Paris,* 1863, gros in-12, br., non rogné.

91. Duchesne. Essai sur les Nielles, gravures des orfèvres Florentins du XVe siècle, par Duchesne aîné. *Paris, Merlin,* 1826, in-8, fig., broché, non rogné.

Exemplaire avec nouvelles additions copiées du MSS. original de M. Duchesne.

92. Dictionnaire portatif des beaux-arts, ou Abrégé de ce qui concerne l'architecture, la sculpture, la peinture, la gravure, etc., par Lacombe. *Paris,* 1766, pet. in-8 à deux col., v. jaspé.

93. Langlois. Essais sur la calligraphie des manuscrits du moyen-âge et sur les ornements des premiers livres d'heures imprimés, avec dix-sept fig. *Rouen,* 1841, in-8, *fig.,* dem.-rel., non rogné.

94. Histoire abrégée des plus fameux Peintres, Sculpteurs et Architectes espagnols, de Ant. Palomino Velasco. *Paris,* 1749, in-12, veau jaspé.

95. Thylesius. Anthonii Thylesii Cosentini libellus de coloribus, ubi multa leguntur præter aliorum opinionem. *Lutetiæ, Christ. Wechel, s. a.* (circa 15 40), pet. in-8, titre dans un joli encadrement, cart. (Livre fort rare.)

96. Histoire de la gravure en France, par G. Duplessis. *Paris,* 1861, in-8, pap. vél., br., non rogné.

97. Duchesne. Voyage d'un Iconophile, revue des principaux cabinets d'estampes, bibliothèques et musées d'Allemagne, de Hollande, et d'Angleterre. *Paris,* 1834, in-8, broché, non rogné.

> Ouvrage de grande importance pour les collectionneurs d'anciennes gravures.

98. Renouvier. De l'origine et du progrès de la gravure dans les Pays-Bas et en Allemagne, jusqu'à la fin du XVe siècle, par Jules Renouvier. *Bruxelles,* 1860, in-8, papier vélin, br., non rogné.

99. Essai sur la Danse des Morts, par E. H. Langlois. *Rouen,* 1852, 2 vol. gr. in-8, fig., br., non rogné.

100. Gandelini. Notizie istoriche de gli intagliatori; opere di Gio.-Gori Gandellini Sanese. *Siena,* 1771, 3 vol. in-8, titres gravés et portraits, dem.-rel. de cuir de Russie, non rogné.

> Première édition des tomes 1, 2, 3 et les plus estimés, formant un recueil complet.

101. Ridolfi. Le Meraviglie dell'arte, overo le Vite de gli illustri pittori veneti e dello stato; ove sono raccolte le opere insigni e costumi ritratti loro, descritti dal Cav. Carlo Ridolfi. *In Venetia,* 1648, 2 tomes en un vol. in-4, avec titres gravés et imprimés, belle reliure de vél; première édition, orné de 2 titres et 38 portraits gravés par J. Piccino, et autres.

102. De la Poésie Chrétienne, par A. F. Rio. Forme de l'art, peinture, par Rio. *Paris,* 1837, in-8, br., non rogné.

103. L'Idea del Perfetto Pittore, per servire di regola, del giudicio, etc. *Venezia,* 1792. — Expositione descrittiva delle pitture di Rafaello Sanzio da Urbino nelle stanze Vaticane date alla luce. *Roma,* 1828, in-12, gr. pap., fig., vélin, non rogné, portr.

— Lippi. Delle Pitture di Fra Filippo Lippi nel Coro della Catte-
drale di Prato. *Prato*, 1835, in-8, port. et 5 belles gravures de
G. Rossi, br., non rogné.

104. Zanetti. Le premier siècle de la Calcographie, ou Catalogue
raisonné des estampes du cabinet de feu M. le comte Cicognara,
avec un appendice sur les Nielles du même auteur, *Venise, Jo-
seph Antonelli*, 1837, 2 vol. in-8 en un, avec deux planches de
monogrammes, dem.-rel. de cuir de Russie, non rogné.

II. — Traités divers, Catalogues.

105. Bartsch. Le Peintre-graveur, par Adam Bartsch. *Vienne et
Leipzig*, 1808-21-54, 21 vol. rel. en 17 vol. in-8, belle dem.-rel.
de vélin, non rogné.

> Les tomes I à V sont de la réimpression de Leipzig, 1854. Bel exem-
> plaire.

106. Dumesnil. Le Peintre-graveur français, catalogue raisonné
des estampes gravées par les peintres et dessinateurs de l'école
française, avec le supplément par Prosper de Baudicour et M. Duplessis. *Paris*, 1841-1861, ensemble 11 vol. in-8, br., non rogné.

107. Passavant. Le Peintre-graveur, contenant l'histoire de la
gravure sur bois, sur métal et au burin, jusque vers la fin du
XVe siècle, l'histoire du nielle et un catalogue supplémentaire
aux estampes des XVe et XVIe siècles, du Peintre-graveur de
Adam Bartsch, par J. D. Passavant. *Leipzig*, 1860-1864, 6 vol.
gr. in-8, nombreux monogr. grav. en bois, avec tables br., non
rogné.

> Ouvrage important faisant complément à Bartsch.

108. Manuel de l'amateur d'estampes, etc., par Charles Blanc.
Paris, P. Jannet, 1854-1857, 2 gros vol. in-8, plus une 9e li-
vraison, br., non rogné.

109. Cicognara. Catalogo ragionato dei libri d'arte e d'antichità
posseduti dal conte Cicognara. *Pisa, Nic. Capurro*, 1821, 2 vol.
in-8, n. rog.

> Bel exemplaire en papier *vélin fort* d'un livre devenu fort rare.

110. L'OEuvre complet de Rembrandt, décrit et commenté par
Charles Blanc. *Paris, Gide*, 1849-1864, 3 part. en un vol. in-8,
avec nombreux *fac-similes*, br., n. rog.

111. Ottley. Notices of Engravers and their werks, by W. Young
Ottley. *London*, 1831, in-8, cart. n. rog.

112. Della Bella. Essais d'un catalogue de l'OEuvre d'Etienne de la Belle, peintre et graveur Florentin, avec la vie de l'artiste, par C. A. Jombert. *Paris*, 1772, in-8, cart., n. rog. (*Rare.*)

113. Druglin. Allgemeiner Portrait-Catalogue. *Leipzig*, 1860, gros in-8, de 409-468 (avec 23,821 articles), cart. (plus 2 suppl.), plus de 24,000 portraits.

114. Faucheux. Catalogue raisonné de toutes les Estampes qui forment l'OEuvre gravé de Adrien Van Ostade. *Paris*, 1862, in-8, fig., br., n. rog.

115. Weber. Catalogue des Estampes anciennes du cabinet de Herman Weber de Bonn. Portraits gravés par et d'après Ant. Van-Dyck. *Bonn*, 1852, in-8.

116. Catalogue raisonné de la précieuse collection de Dessins et d'Estampes, au nombre de près de 30,000, du cabinet de Van Hulthem. *Gand*, 1846, in-8, belle dem.-rel. de mar. orange, n. rog.

117. Catalogue of the very Choice Collection of Prints of Mr Druglin. *London*, 1866 (2010 n^{os}). — Catalogue du Cabinet de J. D. Bohm de Vienne. *Vienne*, 1865, *avec fig. et photographies.* Très-rare (2610 n^{os}). Catalogue du comte de Paar, de Vienne. *Paris*, 1867 (2851 n^{os}). — Catalogue des Estampes anciennes de M. le marquis de Breme. *Paris*, 1866 (1575 n^{os}). Ensemble 4 vol.

118. Claussin. Catalogue raisonné de toutes les estampes qui forment l'œuvre de Rembrandt et les principales pièces de ses élèves, composé par les sieurs Gersant, Helle, Glomy et P. Yver. —Supplément au Catalogue. *Paris, Firmin Didot,* 1824-1827, 2 tomes en 1 vol. in-8, élég. dem.-rel., n. rog.

Avec un beau portrait ajouté avant la lettre. Rare avec les deux parties.

III. — Livres à figures, Portraits, Costumes.

119. Picard. Cérémonies et Coutumes religieuses de tous les peuples du monde, représentées par des figures de Bernard Picard, t. 1er et 2°. *Amsterdam, J.-F. Bernard,* 1723, in-fol., fig., vél., 3 tomes en un gros vol. in-fol., vél. de Hollande. (*Ex. du comte de Saint-Leu.*)

Superbe exemplaire en épreuves de toute beauté. A la fin se trouve relié ensemble : Mémoires historiques pour servir à l'Histoire de l'Inquisition. Quelques planches ajoutées.

120. Altichiero, par Mad. J. W. C. D. R. (Justine Wynne, comtesse

des Ursins et de Rosemberg). *Padoue,* 1787, in-4, avec 29 planches sur cuivre, plus un titre gravé, br., n. rog.

> Cette description d'une villa située au village d'Altichiero, près Pa-
> doue, n'a pas été destinée au commerce. Les planches représentent les
> monuments antiques conservés dans cette villa, jadis demeure du
> sénateur Quirini.
> Cette édition, tirée à très-petit nombre, n'a pas été mise dans le com-
> merce.

121. Vecellio. Habiti antichi et moderni di tutto il mondo, di Cesare Vecellio, suivi d'un Essai sur la gravure sur bois. *Paris,
Firmin Didot,* 1859, 2 vol. in-8, fig. et entourages à chaque
page, portr., br., n. rog.

122. Guercino. Raccolta di trentadue Disegni originali di Gio.-
Francesco Barbieri, da cento detto il Guercino, esistenti nella R.
Galleria di Firenze, incisi in rame, con imitazione, grandezza e
colore, ad aquarello, penna e matita, da Stefano Molinari. *Firenze,* 1797-99, grand in-fol. Exempl. sur *papier fort.*

123. Ritratti de più celebri professori di Pittura dipinti di propria
mano, esistenti nell' Imperial Galleria di Firenze. *Firenze, Fr.
Moücke,* 1748, grand in-fol., cart.

> Belle et rare collection de cinquante beaux portraits gravés par les
> meilleurs artistes de l'époque, avec table.

124. Vite e Ritratti di venticinque uomini illustri. *Padova , dalla
Typographia della Minerva,* 1823, pet. in-fol., dem.-rel. de mar.,
n. rog.

> Belles épreuves. Volume recherché, publié au prix de 120 fr. Bru-
> net, V, col, 1325.

125. Raccolta di ventiquattro stampe rappresentanti Quadri co-
piati da alcune Gallerie e Palazzi di Firenze, incisi da G. B.
Tecchi. *Firenze,* 1787, grand in-fol. oblong (nos 2, 5, 6, 15).

126. Raccolta di *sessanta* Disegni originali de più celebri Pittori
della Scuola italiana esistenti in Firenze, incisi in rame, con
imitazione, grandezze e colore ad aquarello, penna e matita, da
Stephano Mulinari. *Firenze,* 1790, grand in-fol., cart.

> Bel exemplaire sur papier fort azuré. Chacune de ces suites est dif-
> férente de l'autre.

126 *bis.* Fra Bartolomeo di San Marco. Raccolta di ventisette Disegni incisi in rame, con imitazione, grandezze e colore ad aquarello, penna e matita, da Stefano Mulinari. *Firenze,* 1804, grand
in-fol.

127. Durer. La Passion de Nostre-Seigneur Iesu-Christ, gravée sur
bois. *S. l.,* 1510, in-4, fig., dem.-rel., cart., n. rog. Collection
de 36 pièces et un titre gravé.

128. Silvestre. Suite de quarante-deux paysages gravés par Israël Silvestre, Perelle, Niewland, etc., en un vol. in-4 oblong, dem.-rel. de mar. vert.

129. Silvestre. Suite de quarante-sept paysages et gravures, par Sarazin, Le Clerc, Israël Silvestre, en un vol. in-4 oblong, dem.-rel. demar. vert.

130. Le Clerc et autres. Collection de neuf pièces montées sur onglets, cart., n. rog. Larg. 93 mil. Haut. 62 mil. La première pièce, Louis XIV se promenant avec Mlle La Vallière, etc.

131. Durer. La Passion de Nostre Seigneur Jesus Christ. Collection de 25 pièces gravées sur bois en 1510, montées sur onglets, in-4 cart., non rogné.

132. Wierix, Voet, Snyders, Galle, Collaert. Saints, Saintes, Chérubins, etc. Collection de trente-deux gravures en fort belles épreuves montées sur onglet. In-4, cart., non rogné.

133. Salvator Rosa. Diversæ Posituræ a Salvatore Rosa, nunc vero, etc., a Johan. Christ-Kolb ; suite de quinze pièces montées sur onglets, in-4, joli carton.

134. Moncornet. Les Douze Césars, gravés par Moncornet, et avec inscription de leur vie, en un vol. pet. in-4, cart.

135. Tempesta. Recueil factice de dix-sept pièces de sujets champêtres, chasses, gravées par Tempesta, et autres, montées sur onglets, en un vol. pet. in-4, avec élég. cart.

136. Delaune. Collection factice de dix-neuf belles pièces d'ornements, avec figures de stile Rabellaisien et autre, montées sur onglets, en un vol. pet. in-4, avec élég. cartonnage. (*Rare.*)

137. Delaune. Figures de la Bible. Collection factice de dix-huit belles pièces gravées par Estienne Delaune, montées sur onglets, en un vol. pet. in-4, avec joli cartonnage. (*Rare.*)

138. Miroir (Le) des Princes représentés en figures de taille-douce de recherche du chev. Ripa, gravées par M. Van Lochom. *Paris*, 1604, pet. in-4, d.-rel. de mar. rouge.

Belle suite de quinze figures en pied, plus un titre gravé.

139. Salvator Rosa. Raccolta di sedici (16) diverse Posture e Figure di Salvatore Rosa. *S. l. et a.* pet. in-4, avec joli cartonnage, monté sur onglets.

140. Astrolabium planum in tabulis ascendens Johan. Angeli. *Augustæ-Vindelic.*, *Radolt.*, 1488, in-4, avec nombreuses fig. sur bois, vél.

Livre rare et des premiers illustrés. Il contient, outre les belles lettres initiales à fond criblé, plus de 400 figures d'emblèmes et sujets familiers, quelques-uns fort curieux pour leur naïveté.

141. Marc Antonio Raimondi. La Passion de Jésus-Christ, gravée d'après Albert Durer. In-folio, dem.-rel. (*Lortic.*) Collection complète et fort rare de dix-sept piéces montées sur onglets, sur beau papier à dessin.

141 *bis*. Autre exemplaire, même reliure et même condition.

142. Rossi. Prima parte delle imprese fatte in diverse occasioni, circa varj soggetti. *Verona*, 1613, in-4, dem.-rel. neuve de mar. vert, n. rog.

143. Ovidio. Le Transformationi di M. Lodovico Dolce. *In Venetia, Gabriel Giolito de Ferrari*, 1561, in-4, caract. ital., 6 ff. prél., 320 pages chiffr., vél. (Reliure neuve.)

Traduction en *ottava rima* des *Métamorphoses* d'Ovide. Le volume contient 95 très-jolies gravures sur bois.

144. Oculum animumque delectans emblematum repositorium, quo mille imagines symbolicæ cum latinis, gallicis, italicis et germanis lemmatibus illustratæ, etc. *Nuremberg.*, 1732, in-4, titre gr. et 1000 fig., dem.-rel. de vél.

145. Perelle. Le Livre de divers paysages, mis en lumière par Israel et gravé par Perelle. *Paris, chez Israel, s. a.*

Collection factice de près de 130 pièces de paysages, etc., dans un portefeuille.

146. Gli artifiziosi e curiosi moti spiritali di Herone. Aggiuntovi quattro teoremi. *Ferrara*, 1589, in-4, titre gravé et 80 figures, vélin. (Bel exemplaire d'un volume très-rare.)

147. Emblemes (Les) de l'amour divin. *A Paris, chez P. Landry, rue Saint-Jacques, s. a.*, pet. in-8, dem.-rel. de mar. rouge.

Bel exemplaire, avec 60 figures de la grandeur des pages, avec quatrains en français au bas de chaque feuillet.
Le recto de chaque feuillet, étant blanc, paraît être un premier tirage fait à part.

148. Alciatus. Emblemata D. Alciati, denuo ab ipso autore recognita, etc. *Lugduni, apud Gulielm. Rovilium*, 1550, in-8, fig. sur bois et bordures à chaque page, vél.

Edition rare et recherchée.

149. Roma. Le Cose maravigliose dell' alma Citta di Roma,

anfiteatro del mondo, con la chièse et antichità di Gir. Francisco. *Roma, 1600*, in-8, fig. sur bois, belle reliure, vélin. (Livre rare et recherché.)

150. **Vitruvio.** L'Architettura di Vitruvio, traduction italienne. *Roma, 1836*, 3 vol. in-folio, dont un de 8 planches.

Bel exemplaire en papier vélin, avec atlas. Manquent quatre pages dans le texte.

151. **Cessole.** Volgarizzamento del libro de' costumi e degli offizi de nobili sopra il giuoco degli scacchi. *Milano, 1829*, gr. in-8, avec 15 fig. sur papier de Chine, belle dem.-rel., non rogné.

Les quinze figures sont copiées d'après la première édition rarissime de Miscomini, en 1493.—Cette édition, citée par l'Acad. de la Crusca, est rare.

152. **Paradin.** Devises héroyques, par M. Claude Paradin, chanoyne de Beaujeu. *A Lyon, par Iean de Tournes, 1551*, pet. in-8, fig., vélin.

PREMIÈRE ÉDITION qu'on ne connaissait pas jusqu'à ce jour. Celle de 1557 était classée comme la première. Exemplaire court.

— Les admirables secrets d'Albert-le-Grand. Contenant plusieurs traités, etc., etc. *Lyon, chez Beringos fratres, 1743*, in-12, fig., broché, non rogné.

153. **De Rossi.** Scherzi poetici. *Parma, Bodoni, 1795*, gr. in 8 avec 40 fig. au trait, papier vélin fort, cart., non rogné.

Les gravures ont été exécutées par Fr. Rosaspina, d'après les planches gravées au simple trait par le Portugais Tekeira.

154. **Rosini.** Luisa Strozzi, storia del secolo XVI, di Giovanni Rosini. *Pisa, Nic. Capurro, 1833*, 4 vol. in-8, fig., broché, non rogné.

Les portraits de B. Cellini, Michel-Angelo, Guicciardini, sont gravés par Raphael Morghen. Première édition fort rare.

155. **Morona (Da) Alessandro.** Pisa illustrata nelle arti del disegno, seconda ediz. — *Livorno, Marenigh, 1812*, 3 vol. in-8, avec portrait et 32 planches gravées de diverses dimensions, br., non rogné.

156. **Vignola.** Regola delli cinque ordini d'Architettura di M. Iacomo Barozzio da Vignola. *Siena, Bernardino Oppi, 1635*, in-fol. avec beau portrait dans un encadrement et 34 planches gravées, cart., *non rogné*.

157. **Falda.** Le Fontane di Roma nelle piazze e luoghi publici della citta, con loro prospetti come sono al presente disegnate et intagliate, da Giov. B. Falda, libro primo (e secondo). *Roma, s. a.*, in-fol. obl., 48 fig. et titres gravés, cart., non rog.

Magnifique exemplaire de cette *première édition* fort rare.

158. Figures de la Bible déclarées par stances, par G. C. T. (Gabriel Chapuis, Tourangeau). *Lyon, Est. Michel,* 1582. — Figures du Nouveau Testament, 1582. — Les Actes des Apostres, 1582. 3 parties en un vol. in-8, vélin.

> Ces figures, au nombre de 430, sont d'une beauté remarquable de composition et de gravure. L'explication est en vers français; c'est l'œuvre de Bernard Salomon, dit le Petit-Bernard. Vendu 267 fr. vente Cailhava. Petit raccommodage au titre du Testament. Manquent plusieurs feuillets au milieu et la figure d'un des trois titres est refaite.

159. Martin de Voss, Sadler. Collection de trois cents pièces d'anciennes gravures, principalement de sujets religieux, la majeure partie en très-belles épreuves. En un vol. gr. in-fol. dem.-rel. de vélin.

160. Architecture, ou l'art de bien bastir de Marc Vitruve Pollion, par Jean Martin. Au Roy treschrestien Henri II. *A Lyon, par Jean de Tournes,* 1558, in-4, fig. et titre dans un encadrement gravé sur bois, vélin. (Brunet, IV, page 1672-1844.)

161. Bergomensis, de plurimis claris sceletisqz (*sic*) mulieribus, opus prope divinum novissime congestum. *Ferrariæ, Laur. de Rubeis,* 1497, in-fol. goth., fig. sur bois, cart.

> Edition bien imprimée et devenue rare, dit M. Brunet. Ce volume se recommande surtout par les portraits sur bois de deux grandes et belles figures dont il est orné. Ces portraits, au nombre de 170, offrent un certain intérêt par leur exécution et témoignent du progrès de la gravure sur bois en Italie à la fin du xve siècle. Mouillures aux marges des premiers feuillets.

162. Portraits anciens Italiens, Français, etc., de diverses écoles; environ, 150 en un portefeuille gr. in-fol., dem.-rel. de vélin.

163. Portefeuille A. Contenant cent pièces in-folio, in-quarto d'anciennes gravures des Ecoles italienne, française, allemande, hollandaise, en sujets divers, paysages, eaux-fortes, etc., dans un portefeuille gr. in-fol., dem.-rel. de vélin.

164. Portefeuille B. Contenant cent dix pièces in-fol. et in-4 des Ecoles italienne, hollandaise, allemande, etc., en sujets religieux, paysages et autres, dont plusieurs rares. Gr. in-fol., dem.-rel. de vélin.

165. Rossi (De). Scherzi poetici e pittorici (di Gherardo de Rossi). *Parma. Bodoni,* 1795, in-4, grav. par Fr. Rosaspina, tirées au bistre, fig. au trait, cart., non rogné, dans une boîte.

> Bel ouvrage, orné de 30 figures au trait, gravées par Fr. Rosaspina, tirées au bistre. Cet exemplaire est un de ceux qui possèdent les élégantes bordures gravées par Volpato, Morghen, etc.

166. Monti. Theatrum temporaneum æternitati Cæsaris Montii L. R. L. cardinalis et archiep. Mediolan. sacrum. Octavio Boldonio auctore. *Mediolani, Pacifici Pontii,* 1625, pet. in-fol. de 14 ff. et 186 p., fig. et orn. gr. sur acier par Paolo Bianchi, cart.

> Bel exemplaire. Ce volume contient un titre gravé, 60 grands emblèmes, quatre planches de la grandeur de la page, dans des portiques représentant les quatre saisons, trois grands titres gravés, avec portraits et monuments de la famille Monti, plus seize portraits de papes et d'évêques. Manque un feuillet au milieu.

167. Cesio. Galleria nel Palazzo Farnese in Roma, dipinta da Annibale Carracci. *Roma, s. a.,* in-fol., 18 feuilles avec 43 sujets. (Quatre feuillets prêtés à un peintre, manquant pour le moment, seront donnés plus tard à l'acquéreur.)

168. Emblesmes de l'Amour divin. *Paris, Jollain, s. d.,* in-12, fig., cart. (Livre rare, nombreuses fig.)

169. Callot. Capricci di varie figure di Melchiori Gerardini all' Ill mo Principe Cardinale Federigo Borromeo. Collection de 45 pièces montées sur onglets, pet. in-4, cart. non rogné.

170. Callot. Les Fantasies de noble J. Callot mises en lumiere par Israel. *Paris,* 1635, pet. in-4, cart., non rogné. Collection de 38 pièces y compris le titre, montées sur onglet. (*Rare.*)

171. Callot. La Petite Passion gravée par J. Callot. Collection de treize pièces montées sur onglets, en un vol. in-4, réglé, cart. Belle suite fort rare.

172. Callot. Vita et Historia Beatæ Mariæ Virginis matris Dei. Ioan. Callot Inventor, Ioan. et Jac. de Rubeis. *Romæ, s. a.,* in-4 avec dix gravurès au burin, avec encadrements montés sur onglets, cart.

173. Callot. Les Gentilshommes et Mendiants et autres figures de J. Callot. Collection factice de dix-neuf pièces montées sur onglets, en un vol. in-4, avec élég. cart. rouge.

174. Callot. Le Magnifique Carrousel fait sur le fleuve de l'Arno à Florence en 1664, gravé par *P. Giffart,* d'après Callot, et monté sur onglet, en un vol. pet. in-4, avec élég. cart.

175. Callot. Varie figure di Gobbi di Jacopo Callot fiorentino. Collection de treize pièces numérotées, y compris le titre, montées sur onglets, in-4, cart. non rogné.

176. Callot. Les Apôtres. Collection de douze pièces, plus la figure de la Vierge, gravées par Israel, montées sur onglets, in-8, avec joli cartonnage.

177. Callot. Capitano de' Baroni, Gobbi, etc. Collection de six figures de mendiants, etc., montées sur onglets, en un vol. in-8, joli cart. (Quelques pièces sont tachées d'eau et d'autres teintées.)

BELLES LETTRES

Poëtes, conteurs, facéties, ouvrages sur l'amour.

178. Amours (Les) de Daphnis et Chloé. *S. l. (Paris)*, 1745, in-12, *fig.*, élég. dem.-rel. de toile, non rogné.

179. Lettres et autres œuvres de M. de Voiture, divisées en 2 vol. *Amsterdam, A. de Hoogenhuyssen*, 1697, in-12, v. brun. *Ex. en grand papier.*

180. Les Bergeries de maître Honorat de Bueil, chevalier, sieur de Racan. *Paris*, 1635, in-8, vél., quelques feuillets piqués. — OEuvres diverses du sieur D***, avec le Traité du Sublime ou Merveilleux dans le Discours. *Sur l'imprimé à Paris*, 1682, in-12, v. br. — Mélange de pièces fugitives, rédigé par M. L. C. *Londres (Paris), Laurent*, 1740, in-12, cart., non rogné.

> Contient : Varsovie ridicule, et autres pièces.— La Voix de la Nature et de la Raison. — Lettres sur le Caractère des Anglais. — Lettre sur la Création de l'Arbre de Vie.

181. Voltaire. La P. d'O. (La Pucelle d'Orléans), divisé en quinze livres. *S. l. n. d.*, in-12 de 161 pp., cart.

> Edition apparemment publiée sous les yeux de l'Auteur.

— Alzire, ou les Américains, tragédie de M. de Voltaire. Représentée à Paris, pour la première fois, le 27 janvier 1736. *Londres (Paris)*, 1736, in-12, v. marbré.

> PREMIÈRE ÉDITION . — Dans le même volume : Fables d'Ésope, comédie de Boursault. *Lyon*, 1713. — Le Temple du goût, *Paris*, 1733. — PREMIÈRE ÉDITION. La Pupille, par M. Fargan. *Paris*, 1734. — PREMIÈRE ÉDITION. Le Préjugé à la mode, comédie en cinq actes, par M. Nivelle de la Chaussée. *Paris*, 1735. — Les Sauvages. *Londres (Paris)*, 1736.

— La Pucelle, poëme en vingt-un chants, par Voltaire. *Paris, Didot, an X* (1801), in-18, cart., non rogné.

> Bel exemplaire en papier vélin.

182. De Veteri ritu Nuptiarum et Jure Connubiorum Barnabas Brissonius. *Lugd.-Batav.*, 1641, in-12, dem.-rel., vél. *Exemplaire non rogné.*

183. Chaucer. Contes de Cantorbery, de Geoffroy Chaucer, traduits en vers français par le chevalier de Chatelain. *Londres*, 1857-1858, 2 gros vol. in-8, *avec portr. et fig.*, d'après les dessins de Mark, gravés par Dorrington, cart. en toile, non rogné. (Cette édition des contes de Chaucer, traduite en français pour la première fois, n'a été tirée qu'à 250 exemplaires.)

184. Il Decameron di Messer Gio. Boccaccio. *Firenze, Molini,* 1820, 2 vol. in-12, vignettes, veau jaspé, non rogné. — Rime d'Ant. Fr. Rainieri. *Bologna,* 1712.— Rime di Fr. Maria Molza. *Bologna,* 1713. — Rime del Dottore Eustachio Manfredi. *Bologna,* 1713. — Sonetti e Canzoni di Luigi Tausillo. *Bologna,* 1721. — Rime d'Angelo Costanzo. *Bologna,* 1712, 5 vol. en un in-12, cart., non rogné.

185. D'Ouville (Le sieur). L'Élite des contes. *Lyon, chez Michel Tallebard, s. a.,* 2 vol. in-12, veau jaspé.

Bel exemplaire d'un livre rare.

— Gessner. Contes moraux et nouvelles Idylles de MM. D*** et Gessner. *Zurich, chez Orell. et Gessner,* 1771, pet. in-8, fleurons, in-12, élég. dem.-rel., non rogné.

186. Les OEuvres de Philippes des Portes. *Anvers, Arnould Coninx,* 1596, in-12, vél. jaspé.

187. Balzac. Le Socrate chrestien, et autres OEuvres du même auteur. *Arnhem,* 1765, pet. in-12, mar. rouge, tr. dor., anc. rel.

188. Corneille. Nicomède, tragi-comédie. *S. l.* (1652), in-12, cart., non rogné. (*Première édition.*) — Pellegrin. La Mort d'Ulisse, tragédie, par M. Pellegrin. *Paris, Pierre Ribou,* 1707, in-12, avec titre gravé et imprimé, vél. — Polydore, tragédie, par M. Pellegrin. *Paris, Nicolas Le Clerc,* 1706, in-12, vél.

189. Facéties. L'Ami des femmes, par... (*S. l.*), 1758, pet. in-8, cart. — Satires et Diatribes sur les femmes, l'amour et le mariage, avec une Réfutation par L.-J. Larcher. *Paris,* 1860, in-16, papier vél., br., non rogné. — Petrone. Traduction entière de Petrone suivant le nouveau manuscrit trouvé à Bellegrade en 1688. *Cologne,* 1693, 2 vol. in-12, v. jaspé.

190. La Divina Commedia di Dante, col Comento di Christoforo Landino. *Bressia, Bonino de Bonini,* 1487, in-fol., avec grandes figures et avec bordures, cart.

Édition rare. Exemplaire manquant des 24 premiers chants, et le dernier feuillet. Qnelques mouillures d'eau.

191. Les Amours de Henri IV, roi de France, avec ses Lettres galantes et les reponses de ses maîtresses. *Cologne,* 1695, in-12, titre gravé, et impr., v. brun.

192. Recueil de pièces galantes en prose et en vers de madame la comtesse de Suze et de M. Pellisson. *Trévoux,* 1748, 5 vol. in-12, veau jaspé.

Bel exemplaire avec armoiries des Gondy.

193. Doni. I Mondi del Doni, Libro primo. *Vinegia, Francesco Marcolini*, 1552, in-4, *fig. et beaux portr.*, cart. (Bel exemplaire.)

194. Le Mérite des femmes et autres poésies, par Gabriel Legouvé. *Paris, A. Renouard,* 1809, in-12, figure de Moreau, mar. rouge, dent., tr. dor. (*Bel exempl. en papier vélin.*) — ¡Dans le même volume, la traduction italienne. *Paris, Renouard,* 1802.

195. Petrone. La Satyre de Petrone en français, avec le texte latin· *Cologne, P. Marteau,* 1694, 2 vol. in-12, *fig.*, cart., non rogné· — Histoire du grand Tamerlan, par le sieur de Sainctyon. *Lyon,* 1691, in-12, v. br., fig. sur le titre.

196. Le Livre des Proverbes français, par M. Le Roux de Lincy. *Paris,* 1842, 2 vol. in-18, br., non rognés. — Hystoire. L'Hystoire et plaisante cronique du petit Jehan de Saintré et de la jeune dame des Belles Cousines. *Paris,* 1843, gr. in-18, papier vél., br., non rogné.

197. Longus. Les Amours pastorales de Daphnis et Chloé. *S. l. (Paris),* 1745, in-12, figure élégante, dem.-rel., non rogné.

198. Marmontel. Bélisaire, par M. Marmontel. *A Paris, chez Merlin,* 1767, in-8, figure élégante, dem.-rel., non rogné.

Première édition. Bel exemplaire en papier fin, NON ROGNÉ.

199. Facéties. Plaisant Contract de Mariage passé nouvellement à Aubervilliers le 25 février 1333 entre Nicolas Grand-Jean et Guillemette Ventrue. Festin du-dict Mariage. — Statuts de l'Ordre de la Boisson. *Lille, s. d.,* in-12 de 48 pp., br., non rogné.

Édition tirée à 50 exemplaires en papier de diverses couleurs.

200. Myrdhinn, ou l'Enchanteur Merlin, son Histoire, ses OEuvres, son Influence, par le vicomte Hersant de la Villemarqué. *Paris,* 1862, in-8 de 12 et 436 pp., br., non rogné.

201. Encyclopediana. Recueil d'anecdotes anciennes, modernes et contemporaines. Edition illustrée. *Paris,* 1858, gros in-8, fig. sur bois, br., non rogné.

202. Longo. Gli Amori pastorali di Dafni et di Cloe, tradotti dalla lingua greca nella nostra toscana dal commendatore Annibal Caro. *Crisopoli (Parma), Bodoni, s. a.* (1786), in-8, dem.-rel., non rogné.

Bel exemplaire d'une édition rare, tirée à petit nombre.

203. Cent nouvelles (Les), où sont comprins plusieurs devis et actes d'amours, non moins subtils que facétieux. OEuvre tres-nécessaire à tous amâs vrays sujets de l'Amour et des Dames.

A Roven, chez David Ferrant, s. d., in-12 de 230 p. — Sorberiana, ou Bons Mots, Rencontres agréables, Pensées judicieuses et Observations curieuses, de M. Sorbière. *Paris, veuve Mabre-Cramoisy,* 1694, in-18, v. br. — Le Coureur de Nuit, ou les douze périlleuses aventures du chevalier Don Diego. *Lyon, J. Viret,* 1701, pet in-12, *fig. sur bois,* v. brun.

204. Amours des Dames illustres de nostre siècle. *A Cologne, chez Jean Le Blanc,* 1680, in-12, vél. Bel exemplaire, contient : Alosie, ou les Amours de madame de M. T. P.— Le Palais-Royal, ou les Amours de madame La Valière. — La Princesse, ou les Amours de Madame. — Le Perroquet, ou les Amours de Mademoiselle. — Junonie, ou les Amours de madame de Bagneux. — Les Fausses Prudes, ou les Amours de madame de Brancas et autres Dames de la Cour.— La Déroute, et l'Adieu des Filles de Joye de la ville et faubourgs de Paris.

205. Facetie, Motti, Buffonerie et Burle, del Giovan Arlotto, del Gonnella et del Barlacchia (colla Vita de ll'autore), *Milano, Valerio da Meda,* 1573, in-8, dem.-rel.

> Édition fort rare et la première qui contient les facéties de Barlacchia. Autographe au bas du titre de Carlo Ant. Zanetti.

206. Aretino. Cortigiana, comedia di Messer Pietro Aretino, novamente corretta. *In Vinegia, Giovanni Padoano,* 1552, in-8, *avec fig. sur le titre,* joli cartonnage. (Taches à quelques feuillets.)

207. Foire de Beaucaire (La), Nouvelle historique et galante. *Amsterdam, Paul Marret,* 1708, pet. in-12, titre gravé et imprimé, cart.

208. Saint-Real. Dom Carlos. Nouvelle historique (par Saint-Real). *Iouxte la copie à Amsterdam, chez Gaspard Commelin,* 1673, in-12, cart., non rogné.

209. Facetie e Motti arguti di alcuni excellentissimi ingegni, et nobilissimi signori. *Vinegia,* 1550, in-8, veau fauve, fil.

> Édition rare, et la première qui contient aussi le Facetie di M. Lodovico Domenichi.

210. Grelot. Le Grelot, ou les etc., etc. Ouvrage dédié à moi (par Baret). *Ici, à présent,* 2 part. en un vol. pet. in-12, élég. dem.-rel., non rogné. — Vénus Physique. *Sans lieu,* 1745, in-18, veau brun.— La Vie et les Aventures du Petit-Pompée, Histoire critique, par M. Toussaint. *Amsterdam, Marc Michel Rey,* 1752, 2 vol. en un in-18, veau brun.

211. Discours d'aucuns propos rustiques facetieux et de singuliere recreation, ou les ruses et finesses de Ragot. *S. l.,* 1732, in-12,

veau br. — Le Cercle, ou Conversations galantes, par le sieur Bremond. *Sur la copie imprimée à Paris*, 1675, in-16, veau fauve, fil. (*Bel exemplaire.*)

212. Histoire comique, par M. de Cyrano de Bergerac, contenant les Estats et Empires de la Lune. *Lyon, Christofle Fourmy*, 1662, in-12, v. jaspé.

Deuxième édition, rare.

213. L'Ecueil des Amans, ou les Amours de don Pedro Gonsalve de Mendosse et de dona Juana de Cisneros, Nouvelle espagnole historique et galante. *Bruxelles, G. de Backer*, 1710, 2 vol. in-18, avec 2 frontispices gravés, cart. en un vol.

214. Grenaille. Les Plaisirs des Dames. Dediez à la Reyne de la Grande-Bretagne. Iouxte la copie (*à Paris*), 1644 (*à la Sphère*), pet. in-12, vél.

Bel exemplaire, sauf un petit raccommodage à la marge du titre.

215. Description de la ville d'Amsterdam, en vers burlesques, selon la visite de six jours d'une semaine, par Pierre Le Jolle. *A Amsterdam, chez Jacques le Curieux*, 1666, in-12, avec frontispice gravé, mar. vert, dentelle, tr. dor.

216. Faceliæ Facetiarum, hoc est Joco-Seriorum fasciculus novus. *Pathopoli*, 1657, pet. in-12, veau bl., comp., fil.

217. Erasto. I Compassionevoli Avenimenti di Erasto, opera dotta et morale. *Vinegia, Ag. Bindoni*, 1658, in-8, fig., vélin.

Bel exemplaire rempli de témoins de ce roman des Sept Sages.

218. Voltaire. Le Huron ou l'Ingenu, par M. de V***. *A Lausanne*, 1758, 2 parties en un vol. in-12, veau jaspé, fil. en or.

— L'Ingénu, Histoire véritable, par W***. *A Londres*, 1767, in-12, cart.

Éditions originales fort rares.

219. Histoire des amours de Chéreas et de Callirrhoé, traduit du grec, avec remarques. *Paris, Ganeau*, 1763, 2 vol. in-12 en un, vélin.

220. Chandelle d'Arras (La), poëme héroï-comique, en xviii chants. *A Bevue*, 1765, in-12, avec figure.

— Le Balai, poëme héroï-comique en xviii chants. *A Constantinople, de l'Imprimerie de Mouphti*, 1761, 2 vol. en un, veau jaspé.

Beaux exemplaires avec témoins de deux ouvrages rares.

221. Rabelais. Les OEuvres de François Rabelais. *Holl., Elzevir*, 1663, 2 vol. pet. in-12, veau brun. (Bel exemplaire.)

Edition recherchée, exemplaire un peu court de marges.

222. Le Cabinet satyrique, ou Recueil parfait des vers piquants et gaillards de ce temps. *Elzevier*, 1666, tome II, *sans lieu*, 1672, in-12, vélin. Haut. 132 millim. (4 p. 10 1/2.) Le tome 1er, de 1666, est relié en mar. et plus court.

223. Petrarca. Sonetti, Canzoni e Trionfi. *Vinetia, per Bernardino da Monte Ilicino da Siena*, 1488, 2 vol. en un in-folio, dem.-rel. (*Manque le premier feuillet des Trionfi, et quelques feuillets tachés. Edition très-rare.*)

224. Traité des trois imposteurs. *S. l.*, 1777, in-12 de 152 pages, cart. non rogné. (*Edition fort rare.*)

225. Doctrinal des nouvelles mariées (Le). *Chartres, Garnier*, 1832.

— Le Doctrinal des nouveaulx mariez. *Chartres, Garnier*, 1832, in-16, cart., non rogné.

Deux pièces rares tirées à *dix exemplaires* sur papier de Hollande.

— Facéties. Antidote contre les cocus, ou Dissertations sur les cornes antiques et modernes. *Paris, s. d.* in-8 de 48 pp.

— Essais sur les plaisirs, par E. O ***. *Paris, Debure, an XI*, in-8 ; ensemble 4 vol. brochés, non rognés.

226. Toscanella. I Modi più communi con che ha scritto Cicerone le sue epistole secondo i generi di quelle, con altre cose. *Vinegia*, 1558, in-4, marque typog. sur le titre et lettres historiées, belle dem.-rel. mar. vert.

227. Medici. Poesie Volgari, nuovamente stampate, di Lorenzo de Medici. *Vinegia, Aldo*, 1554, in-8, vélin. (Bel exemplaire, dans sa reliure originale.)

228. Gueret. Le Caractère de la Sagesse payenne, dans les Vies des Sept Sages Grecs, par M. C. Gueret. *Paris, Ve de Nicolas Trabouillet*, 1662, pet. in-12, portraits, v. br.

— Bary. René, L'Esprit de Cour, ou les conversations galantes. *Paris, Ch. de Sercy*, 1663, in-12, v. jaspé.

— Le Temple du Goût, par M. de Voltaire. Edition véritable, donnée par l'Auteur. *Amsterdam*, 1733, in-8, fig. sur le titre, br., non rogné. (*Première édition.*) (Ensemble 3 vol.)

229. La Henriade travestie, en vers burlesques. (Honni soit qui mal y pense,) *A Berlin, au dépens du Public*, 1765, in-12, dem.-rel. (Bel exemplaire avec témoins.)

— Les OEuvres de M. Campistron, de l'Académie Française, *Lyon, H. Baritel*, 1703, in-12, titre gravé et imprimé, cart.

— Chandelle d'Arras (La), poëme héroï-comique, en XVIII chants. *Londres (Paris)*, 1774, in-12, élég. dem.-rel., non rogné; ensemble 3 vol.

230. Jugement de Pluton sur les deux parties des nouveaux dialogues des morts. *Paris*, 1684, in-12, v. brun. *Edition originale.*

— Les Numéros, seconde édition, augmentée d'une troisième partie. *Amsterdam*, 1783, in-12, dem.-rel.

> Malgré l'annonce sur le titre d'une troisième partie, elle ne paraît pas avoir été publiée.

— Le Séraskier Bacha. Nouvelle du temps, contenant ce qui s'est passé au siége de Bude. *Suivant la copie à Paris (à la Sphère)*; ensemble 3 vol.

231. Les Satyres et autres œuvres du Sieur Regnier. A *Rouen, et se vendent à Paris, chez Louis Billaine*, 1667, in-18, v., br. Petit raccommodage au bas du titre. (*Édition rare*).

— Montreuil. Les OEuvres de Monsieur de Montreuil. *A Paris, chez Thomas Jolly*, 1666, in-12 de 6 fll. et 630 pp., vélin.

> Première édition. A la fin : *Acheve d'imprimer* pour la première fois le premier jour d'auril 1666.

232. Quinault. Théâtre, éditions originales en un vol. in-12, cart. Contient : Le Mariage de Cambyse, tragi-comédie. *Paris, A. Courbé*, 1659.

— La Mort de Cyrus, tragi-comédie, *Ib.*, 1659.

— Stratonice, tragi-comédie. *Ib.*, 1660.

— Le Feint Alcibiade, tragi-comédie. *Imprimé à Rouen et se vend à Paris, chez Guil. de Luyne*, 1661.

— Le Fantosme amoureux. *Ib.*, 1662.

— Agrippa, Roy d'Albe. *Ib.*, 1663.

— Les Sosies, comédie. *A Paris, chez Claude Barbin*, 1668, in-12 de 2 et 92 pp., élég. cart. *Première édition.*

233. Pièces morales et sentimentales de Madame J. W. (Wynne, comtesse de Rosemberg). *A Londres*, 1785, in-18, veau jaspé.

> Bel exemplaire d'un livre rare et non mis dans le commerce.

234. Camoens. Os Lusiadas. Poema epico restituido à sua primitiva linguagem, etc. per José da Fonseca. *Paris*, 1826, in-8, portr., pap. vélin, br., non rogné.

235. Histoire très-curieuse et véritable d'une Comtesse d'Allemagne. *Paris, Claude Barbin, s. a. (circa* 1690), in-12 de 70 ff., veau jaspé.

> Bel exemplaire d'un livre rare, non mentionné par Barbier, avec la signature de *Henriette* sur la garde. — Cette comtesse allemande était de la maison de Hohenzollern.

— Facéties. Les Capucins sans barbe. Histoire Napolitaine, arrivée en 1761. *S. l.*, 1761, in-8 de 64 pp., br., non rogné.

236. Histoire Amoureuse et Badine du Congrès et de la Ville d'Utrecht (par Freschot). *Liége, Jacob Le Doux, s. a.* in-18, frontispice gravé, vélin.

> Bel exemplaire avec la clef des noms des personnes en manuscrit.

— Amourettes du Duc de Nemours et de la Princesse de Clèves. *Amsterdam*, 1696, in-12, titre gravé, avec autographe de Vallet Defloramonou.

237. Les Amours de Sainfroid, Jesuite, et d'Eulalie, fille dévote. Histoire véritable, suivie de quelques Nouvelles Nouvelles. *A la Haye, chez Isaac Vander Kloot*, 1719, in-12, avec titre gravé et imprimé, vélin.

238. Porqueddu. Tesoro della Sardegna ne bachi e gelsi, poema sardo e italiano, academico del Collegio Cagliaritano. *Cagliari*, 1774. in-12, titre gravé, fig. non rogné.

> Bel exemplaire de ce livre en patois sarde. Les fort belles gravures gravées par Fambrini sont dessinées par Visca.

239. Bois-Franc. L'abbé commandataire. *Cologne (Hollande, Elzevier)*, 1673, in-12, cart.

240. Opere di Girol. Benivieni, con una canzone dello amor celeste. *Venetia*, 1522, in-8, avec titre dans un joli encad., belle rel. neuve de vélin.

> Bel exemplaire. Ce recueil contient d'abord des pièces en prose ; on y trouve ensuite des sonnets (parmi lesquels il y en a de Laurent de Médicis), des *Laude*, des impromptus, des *Frottole.*

241, Facéties. Le Lit de Noce, ou les Nuits du Docteur Pyrico-Proto-Pathouphlet. Livre comique. *S. l. (Paris)*, 1791.—Les Petites Têtes sous des grands bonnets. 2 parties en un vol. in-8, de 104 pp., broché, non rogné.

242. Facéties. Le Tombeau des Amours de Louis Le Grand, et ses dernières galanteries. *A Cologne, chez P. Marteau, à la Sphère*, 1695, in-12, titre gravé et imprimé, cart. Petite piqûre aux 5 et 6 fll. de chaque cahier). (Exemplaire non rogné.)

243. Las Obras de Pierre Goudelin, augmentadas de *forço pessos* et le Dictionnari sur la lengo mundino. *A Toulouso, per Jan Pech*, 1678, in-12, v. br. (Bel exemplaire avec témoins).

244. Priapeia, sive diversorum poetarum in Priapum lusus, illustrati commentariis Gasp. Schoppi Franci, etc. *Patavii*, 1564, in-8, vélin. (Volume fort rare.)

245. Anciens poëtes de la France. 4 v. in-16, cart. en toile, n. rogn.

> Vol I. Guy de Bourgogne, Otinel, Floovant. — Vol. II. Doon de Mayence. —.Vol. III. Gaufrey, chanson de geste.—Vol IV. Fierabras, Parise la Duchesse, chanson de geste.

246. Les Amours Pastorales de Daphnis et Chloé. *Genéve (Cazin)*, 1777, fig. Exemplaire *non rogné*.

—Les Amours d'Ismene et d'Ismenias. *Genéve (Cazin)*, 1782.

247. Alexandri Grammatici opus de Eruditione puerorum. *Venetiis, Benalium*, 1588, in-fol., goth., à longues lignes, cart.

> Bel exemplaire, orné d'une superbe bordure à entrelacements, en blanc sur fond noir.

248. La Fausse Antipathie, comédie avec un prologue et la critique de cette pièce, par M. Nivelle de la Chaussée. *Paris, Prault*, 1734, in-12, belle dem.-rel., n. rog.

249. Galanteries (Les) des Rois de France. *Cologne, chez Pierre Marteau, s. a.*, 3 vol. in-12, fig., veau fauve, triples filets, tr. marbr.

250. Scarron, Dom Japhet d'Arménie, comédie par M. Scarron. *Paris, Aug. Courbé*, 1654, pet. in-12, vél. (Prem. édition.)

—D. Japhet d'Arménie, comédie. *A Leyde, chez Jean Sambix*, 1655, pet. in-12, vél.

> Édition rare, raccommodage au titre et cinq lignes refaites à la fin.

251. Le Moyen de parvenir, par Monsieur Béroalde de Verville, revu et corrigé, avec Commentaires et Notices littéraires, par le Bibliophile Jacob. *Paris, Techener*, 1841, 2 vol. gr. in-18, br., n. rog.

> Tiré à 50 exemplaires sur papier de Hollande.

252. Boileau. OEuvres de Nicolas Boileau Despréaux, avec des éclaircissements historiques donnés par lui-même. *Amsterdam, David Mortier*, 1718, 2 vol. gr. in-fol., fig. et portr. de Charlotte, princesse de Galles, veau jaspé.

> Bel exemplaire à toutes marges provenant du marquis de Carnarvon; les armes se trouvent sur les gardes.

HISTOIRE

253. De Bie. Les Familles de France illustrées par les monuments des médailles anciennes et modernes. *A Paris, chez l'auteur*, 1634, in-fol., tit. grav. et imp., fig. de médailles, veau jaspé, tr. dor.

254. Giuoco d'Arme dei Sovrani e de gli Stati d'Europa. *Napoli, Ant. Bulifon*, 1581, in-16, fig., vél.

—Jeu d'Armoiries des souverains et Estats d'Europe, pour apprendre le blazon, par Oronce Finé, etc. *Lyon*, 1665, pet. in-12, tit. gravé, fig., mar. r., fil. (*Anc. rel.*)

255. Cartier. Bref Récit et succincte narration de la navigation faite en MDXXXXI par le capitaine Jacques Cartier aux îles de Canada, Hochelaga, Saguenay et autres. *Paris*, 1863, in-8, br., n. rog.

> Réimpression figurée de l'édition originale, sur beau papier, sortant des presses de L. Perrin, de Lyon.

256. Godefroy. Entrevues de Charles IV, empereur, de son fils Venceslaus, roy de Romains, et de Charles V, roy de France, à Paris, l'an 1378, et de Louis XII, roy de France, et de Ferdinand, roy d'Arragon, à Savone, l'an 1507. In-4, vél.

> Dans le même volume : Discours sur l'origine des roys de Portugal issus en ligne masculine de la maison de France. — Mémoires concernant la dignité et majesté des roys de France, par T. Godefroy. *A Paris, chez Pierre Chevalier*, 1614.

257. Le Vieux Gaulois à messieurs les princes. *A Paris, chez Jean Brunet*, 1614, pet. in-8, cart. (*Rare.*)

258. Le Blason des Couleurs en armes. Livrées et devises par Sicille Herault d'Alphonse V, Roy d'Aragon, par M. Hip. Cocheris. *Paris, Aubry*, 1860, in-12, fig., cart., n. rog. (Exemplaire avec les blasons en couleur.)

259. Le Parfaict Capitaine, aultrement l'abregé des guerres de Gaule, des Commentaires de César, par M. le duc de Rohan. *Paris, Aug. Courbé*, 1640, in-4, avec beau frontispice gravé par Firens, veau jaspé.

260. Les Œuvres de feu M. Claude Fauchet, premier Président en la Cour des Monnayes. *Paris*, 1610, in-4, double réglure, v. br., fil. — Dans le même vol., Origine des Dignitez et Magistrats de France. *Paris*, 1610.

—Recueil de l'origine de la langue et poésie française, rime et roman. *Ib*, 1610.

261. Abregé Chronologique de l'Histoire de France, par le sieur de Mezeray, Historiographe de France. *Amsterdam, Ab. Wolfgang*, 1682, 6 vol.

—Abregé Chronologique de l'Histoire de France, t. VII et VIII. *Amst.*, D. Mortier, 1720. Ensemble 8 vol., v. br., portraits.

262. Histoire des voyages de M. le Marquis de Ville au Levant, et du siége de Candie, par J. Du Cros. *Lyon*, 1669, in-12, v. br. (Prem. édition.)

—Relations historiques et curieuses de voyage en Allemagne, Angleterre, Hollande, Bohême, Suisse, etc., par le P. Charles Patin. *A Rouen*, 1676, in-12, fig., v. br.

263. La Noblesse militaire opposée à la Noblesse commerçante, ou le Patriote françois. *A Amsterdam*, 1756, in-12, élég. dem.-rel., n. rog.

Bel exemplaire en grand papier.

264. Valla. Laurentii Vallensis, Patritii Romani, Historiarum Ferdinandi Regis Aragoniæ libri tres. *Romæ, in ædibus Marcelli Silberi*, 1520, pet. in-fol., avec un beau titre encadré, dem.-rel. (*Edition rare.*)

265. Rena. Della Serie degli antichi Duchi e Marchesi di Toscana con altre notizie dell' Impero Romano. Raccolta da Cosimo della Rena. *Firenze*, 1690, in-fol., cart., n. rog. (Bel exemplaire en gr. papier.) (*Rare.*)

266. Rich. Dictionnaire des Antiquités Romaines et Grecques, accompagné de 2000 gravures d'après l'antique. *Paris, Didot*, 1859, in-8, fig., br., n. rog.

267. Le Pays Basque, sa population, sa langue, ses mœurs, sa littérature, sa musique, par Francisque Michel. *Paris*, 1857, gros in-8, br. n. rog. (*Rare.*)

268. Le Pays Basque, sa population, sa langue, ses mœurs, sa littérature, sa musique, par Francisque Michel. *Paris*, 1857, gros in-8, br., n. rog.

269. Mémoires de la Court d'Espagne (par Mᵉ d'Aulnoy). *A La Haye, chez Adrian Moztjens*, 1692, 2 parties en un vol. p. in-12, vélin.

Edition rare. Vendu vente Pr. Essling, 1868, fr. 58.

270. La Politique civile et militaire des Vénitiens. *A Paris, chez Charles de Sercy*, 1668, pet. in-12, rel. neuve de vél.

Bel exemplaire de l'Édition originale, dédiée à M. le duc de Rohan.

271. Le Roy. Exhortation aux François pour vivre en concorde et jouir du bien de la paix. *Paris*, 1570, pet. in-8, cart.

Bel exemplaire. Vente Solar, 30 fr.

272. Nomi antichi et moderni dell' antica città di Roma et de tutti i popoli, provincie, città, fiumi, monti, selve, et altri luoghi di tutta Italia, come al presente si adimandano. *Venetia, al segno della Speranza*, 1552, pet. in-8 de 16 fll., cart. (Vol. fort rare et un des premiers publiés comme Guide de Rome.)

273. Georgieviz Peregrino (Bast.). De Turcarum moribus epitome. *Lugduni, J. Tornæsius*, 1567, in-16, cart., n. rog.

Bel exemplaire, en grand papier et non rogné, de ce curieux petit livre, bien imprimé et rempli de détails intéressants sur les mœurs, les usages et les cérémonies orientales du XVe siècle.

274. Copioso ristretto degli annali di Rausa. Libri quattro di Giacomo Pieri Luccari, gentiluomo Rauseo. *Venetia*, 1605, in-4, avec portrait sur le tit., vél. (*Rare.*)

275. Memorie istoriche della città di Pisa, raccolte da M. Paolo Tronci, nobile Pisano. *Livorno*, 1682, in-4, veau brun.

276. Abbildung und Beschreibung Aller Hohen Ritter-Orden in Europa, von E. Eichler etc. *Augspurg*, 1756, in-16, fig. et port., veau brun.

Beau volume orné de 42 dessins fort beaux gravés de tous les ordres de noblesse de l'Europe.

277. Trattato del Successo della potentissima Armata del gran Turco Ottoman Solimano, venuta sopra l' isola di Malta l'anno 1565. *Roma, Ant. Blado*, 1565, in-8, fig., veau jaspé. (*Bel exemplaire d'un livre rare.*)

278. Aersen de Sommeedick. Voyage d'Espagne. — Relation de l'Estat et gouvernement d'Espagne. — Relation de Madrid. *A Cologne, chez P. Marteau, à la Sphère*, 1666. — Relation de la conduite présente de la cour de France, adressée à un cardinal de Rome, etc. *Leyde*, 1565, in-12, vélin. (*Première édition.*)

279. Anecdotes ecclésiastiques, les intrigues des évêques de Rome et leurs usurpations sur le temporel des souverains. *A Amsterdam*, 1738, in-8, cart., non rogné.

280. Buonaventuri. Esequie della Maesta Cesarea dell' Imperatore Leopoldo Io, celebrate in Firenze, per Cosimo III, Granduca di Toscana. *Firenze*, 1705, in-4, fig. pliées, dem.-rel. de mar. non rogné. — Dans le même vol. Delle lo di della M. C. Leopoldo Io Imperatore, Orazione Funerale del Cav. G. M. Martelli *Firenze*, 1705. (Razzolini, *Indice*, no 237.)

Les deux grandes planches gravées par Lorenzini de ces funérailles s'y trouvent pliées.

281. Faustini. Delle Historie di Ferrara scritte dal Sig. Dottore Agostino Faustini. *Ferrara, Fr. Suzzi,* 1655, in-4, dem.-rel. de vélin. (Livre fort rare.)

282. Recueil de médailles pour servir à l'histoire de Frédéric le Grand, par Fromery et fils. *Berlin,* 1764, in-4, fig., cart.

    Collection de cinquante-deux médailles, avec leurs revers et description historique.

283. Lettres sur les matières du temps. *Amsterdam, P. Desbordes,* 1688-89-90, 3 parties en un vol. in-4, mar. rouge, comp. et dentelles en or, tr. dor. (*Bel exemplaire en ancienne reliure.*)

284. La Historia di Crema raccolta da Alemanio Fino. *Venetia, Domenico Farri,* 1566, in-4, marque sur le titre, vélin. (Bel exemplaire.)

285. Amadi. Della nobiltà de Bologna, compresa nel suo Specchio della nobiltà d'Europa. *Cremona,* 1588, pet. in-4, dem.-rel. de mar. (*Rare.*)

286. Valle. Viaggi di Pietro della Valle, il pellegrino, descritti da lui medesimo in lettere familiari all' erudito suo amico Mario Schipano, divisi in tre parti, cioè : la Turchia, la Persia e l'India, colla vita e ritratto dell' autore. *Torino,* 1843, in-8, 2 gros volumes pet. in-8, port., cart. en toile, non rogné.

    Cette édition est très-soignée. Voir Brunet, vol. IV, p. 561. Museo Pittorico. Torino, Fontana, 1844.

287. Mionnet. De la rareté et du prix des médailles romaines, ou Recueil contenant les types rares et inédits des médailles d'or, d'argent et de bronze, frappées pendant la durée de la république et de l'empire romain. *Paris,* 1858, 2 vol. in-8, fig. des médailles, dem.-rel., non rogné.

288. (Guillaume Fillastre.) Le premier (et le second) volume de la Toison dor. Compose par reverend pere en Dieu Guillaume.... chancellier de lordre de la Toison d'or. Auquel sont contenus les haulx, vertueux et magnanimes faictz tant des treschrestiennes maisons de France, Bourgongne et Flandres que dautres roys et princes de l'ancien et nouveau testament. *Paris (par François Regnault,* 1516). (A la fin :) *Imprime à Troyes par Nic. Le Rouge,* 1530, 2 vol. in-fol. goth. à 2 col., gravure sur bois, v. brun, quelques petits défauts.

289. Bourdigné. Annales et Chroniques d'Anjou. *Paris, Ant. Couteau, pour Galliot du Pré,* 1529, in-fol. goth., fig., veau br., tr. dor.

    Manquent le titre et feuillets 99 et 100, piqûre en haut de la marge.

290. Lettres du Roy nostre Sire Charles IXeme, sur la deffence de la traite du bled et vin hors du Royaume de France. *Lyon, Benoist Rigaud,* 1561, in-8 de 4 fll., aux armes de France.— Mandement du Roy nostre Sire à Monsieur le Senechal de Lyon, ou à son lieutenant.... Charles IX, 61e Roy de France. *Lyon, Benoist Rigaud,* 1561, in-8, de 4 fll., portrait du Roy sur le titre, et aux armes de France, cart.

291. Compendio delle croniche della città di Como, raccolto da diversi autori, diviso in tre parti. *In Como,* 1619, in-4, vélin, rare.

292. Ferrerro a Labriano. Augustæ Regiæque Sabaudæ domus Arbor Gentilitia, Regiæ Celsitudini Victori Amedeo II. *Augustæ-Taurinorum,* 1702, gr. in-folio, portraits (34) gravés par Tasniere, etc., veau jaspé, tr. dor.

> Bel exemplaire en GRAND PAPIER, avec le portrait de Ch. Emmanuel, gravé par Allet, ajouté.

293. Anselme. Histoire généalogique et chronologique de la maison royale de France, le tout dressé sur les originaux par le Père Anselme; troisième édition. *Amsterdam, Chatelin,* 1713, gr. in-folio, cart.

> Exemplaire en *grand papier,* avec bon nombre de grandes cartes généalogiques.

BIOGRAPHIE—HISTOIRE LITTERAIRE

294. La Vie de Pierre Aretin, par M. de Boispreaux. *A la Haye,* 1750, in-12, portr. ajouté, dem.-rel. de vél., non rogné.

295. Fétis. Biographie universelle des musiciens, et Bibliographie générale de la musique. *Paris, Didot,* 1866, 8 vol. gr. in-8 à 2 col., broché, non rogné.

296. Ciampi. Memorie della Vita di Messer Cino da Pistoia. *Pisa,* 1808, gr. in-8, fig., dem.-rel., non rogné.

297. Réponse au Traité des Etudes monastiques. *Paris, Fr. Muguet,* 1692, in-4, v. br., tr. dor. Armoiries sur les plats du cardinal Sforza de Milan.

298. Ticknor. Histoire de la Littérature espagnole, depuis les origines jusqu'à nos jours. *Paris,* 1864, gr. in-8, br., non rogné.

299. Galvani. Osservazioni sulla Poesia de' Trovatori e sulle principali maniere e forme di essa, confrontate brevemente colle antiche italiane. *Modena*, 1829, gros in–8 br., non rogné. (Edition rare tirée à quelques exemplaires.)

300. Les Mémoires du chevalier de Ravane, page de Son Altesse le duc Régent et Mousquetaire. *Liége*, 1741, 3 vol. in–12, cart., non rogné.

301. Pungileoni. Memorie istoriche di Ant. Allegri detto il Correggio. *Parma*, *Stamperia Reale*, 1817-1821, 3 vol. gr. in-8, br., non rogné. (*Rare.*)

> Excellent ouvrage où l'on trouve les extraits de tous les livres où il est fait mention du Corrége. Le père Pungileoni a donné sur la vie et les ouvrages de ce grand Peintre un travail complet et fort étendu. Cat. Goddé, Nᵒ 635.

302. Croce. Sotterranea confusione sopra la morte di Sinam Bassa, famoso capitano de' Turchi. *Bologna*, *Giamb. Bellagamba*, 1596, in-4, fig. sur le titre, dem.-rel. (*Rare.*)

303. Meaume. Recherches sur la vie et les ouvrages de Jacques Callot, suite au Peintre-Graveur français de Rob. Dumesnil. 2 vol. in-8 de 12 et 704 pages, plus un fac-simile, br., non rogné.

304. Geoffroy Tory, peintre et graveur, premier imprimeur royal, par Aug. Bernard. *Paris*, 1857, in-8, fig., dem.-rel. de veau ant. *Non rogne.*

305. Réponse à la Bibliothèque janséniste, avec des remarques sur la réfutation des critiques de M. Bayle, etc. *Nancy*, 1790, in-12, vél. (*Bel exemplaire en grand papier non rogné d'un livre fort rare mis à l'index.*)

306. Mémoires sur l'impératrice Joséphine, ses contemporains, la Cour de Navarre et de la Malmaison. *Paris*, 1828, in-8, mar. vert, compart., tr. dor.

307. Flotte. Discours funebre à l'immortelle memoire de Mᵐᵉ la comtesse de Chevrieres, recité à Lyon. *Lyon*, 1637, in-4, fig. sur le titre, cart.

BIBLIOGRAPHIE

308. Recherches bibliographiques et critiques sur les éditions originales des cinq livres de Rabelais, par J.-Ch. Brunet. *Paris*, 1852, in-8, br., non rogné.

309. Bibliografia storia d'ogni nazione, per cùra di Gaetano Branca. *Milano,* 1862, in-8 de 14 et 339 p. à 2 col., br., non rogné. — Soldini. Delle Eccellenze e grandezze della nazione Fiorentina. *Firenze,* 1780, gr. in-8, avec 30 planches en couleur, dem.-rel. de vélin, non rogné.

310. Catalogue de la bibliothèque Taylor. *Paris,* 1848 (prix). Catalogue de la bibliothèque de Bure. *Paris,* 1853 (prix). — Catalogue des livres du comte Archinto. *Paris,* 1863, 3 vol. in-8, br., non rogné.

311. Catalogue des livres Duplessis. *Paris,* 1856. — Catalogue comte Archinto. *Paris,* 1863. — Catalogue de la bibliothèque de Lasize. *Paris,* 1867, 3 vol., br., non rogné.

312. Catalogus Librorum Bibliothecæ illustrissimi viri Caroli Henrici comitis de Hoym. *Parisiis,* 1738, in-8, veau jaspé, fil. (*Padeloup*). Catalogue rare avec les prix.

313. Catalogue d'une précieuse collection de productions xylographiques et typographiques de premier rang, provenant des doubles de la Bibliothèque de Munich. *Augsburg, Butsch,* 1858, in-8, broché (avec quelques prix). — M. L. Potier. Catalogues de livres choisis. *Paris,* 1855-56-57, 3 vol. in-8, et plusieurs autres.

314. Catalogue de la vente de M. Chedeau. *Paris,* 1865. — Catalogue de la vente Renouard. *Paris,* 1854. — Catalogue de la vente Enschedé. *A la Haye,* 1867. — Techener. Description bibliographique. *Paris,* 1855-1858; ensemble 5 vol., br., non rogné.

315. Catalogue of the Library of the late Rev. D' Wellesley. *London,* 1866 (6450 numéros). — Catalogue of the memorable cabinet of Drawings, by the old Masters. *London,* 1866 (prix fabuleux, 2454 numéros.)

316. Catalogue de la vente de M. P. Desq. *Paris,* 1866. — Catalogue des livres sur les Beaux-Arts. *Paris,* 1850, ensemble 4 vol., br., non rogné. — Catalogue de M. le marquis Le Ver. *Paris,* 1866. — Catalogue de M. Auvillain. *Paris,* 1865.

317. Catalogue des livres rares de M. Veinant. *Paris,* 1860. — Catalogue des livres de M. le comte de Chaponnais. *Paris,* 1863 (prix). — Catalogue de M. Léon Cailhava. *Paris,* 1862 (prix). Ensemble 3 vol. in-8, br., non rogné.

318. Catalogue de livres rares de M. Libri Carucci. *Paris,* 1855 (*fort rare*). — Catalogue de productions xylographiques de premier rang. *Augsburg, Butsch,* 1858. — L'Omnium des livres rares. *Londres,* 1863, n° 1-7 (tout publié). — Catalogue du ca-

binet de l'OEuvre de Rubens. *Bruxelles*, 1860. — Catalogue du cabinet Paelink (avec table des prix imprimés). Ensemble 6 catalogues rares.

319. Catalogo de' Manoscritti ora posseduti dal principe Baldassarre Buoncompagni, compilato da Enr. Narducci. *Roma*, 1862. — Pacciaudi (P. Paolo), il Bibliotecario. *Roma*, 1863. — Catalogo ragionato dell' opere incise da Raffaelle Morghen. *Livorno*, 1810. — Atti del comitato dell' Espozitione Dantesca. *Firenze*, 1864. — Catalogo delle opere di Grabery da Hemso. Ensemble 5 pièces.

320. Catalogue of the extraordinary collection of splendid manuscripts chiefly upon vellum, in various languages of Europe and the East, formed by M. G. Libri. *London*, 1859, pet. in-4, 106 fac-simile des ornem. mss., belle dem.-rel., non rogné. (*Avec quelques prix des principaux articles.*)

321. Gamba. Delle Novelle italiane in prosa, bibliografia di Bart. Gamba Bassanese; edizione seconda, con correzioni ed aggiunte. *Firenze, Molini*, 1835, in-8, port., *papier vél.*, br., n. rog.

322. Duplessis. Bibliographie Parémiologique. Etudes Bibliographiques et Littéraires sur les ouvrages consacrés aux proverbes. *Paris, L. Potier*, 1847, in-8 de VIII et 520 pp. br., n. rog.

323. Casali. Annali della Tipografia Veneziana di Francesco Marcolini da Forli, compilati da Scipione Casali. *Forli*, 1861, in-8, br., n. rog.

324. Missel de Jacques Juvénal des Ursins, cédé à la ville de Paris le 3 mai 1861 par M. Ambroise-Firmin Didot. *Paris*, 1861, gr. in-8 de 56 pp.

325. Gamba. Delle Novelle italiane in prosa, Bibliografia di Bart. Gamba Bassanese; edizione seconda, con correzioni ed aggiunte. *Firenze, Molini*, 1835, in-8, portraits, *papier fort*, n. rog.

326. De Batines. Bibliografia delle antiche rappresentazioni italiane sacre e profane stampate nei secoli XV e XVI. *Firenze*, 1852, in-8, br., n. rog. (*Rare.*)

327. Melzi. Bibliographia dei Romanzi e Poemi Cavallereschi italiani. *Milano, Ant. Tosi*, 1838, in-8, port., cart. en toile, n. rog.

328. Extraits et analyse de divers livres pantagrueliques. *Londres*, 1854, pet. in-8, cart. en toile, n. r.

Edition tirée à 60 exemplaires seulement. Troisième volume de la Bibliothèque bibliophilo-facétieuse, éditée par les frères Gébéodé (G. Brunet et Oct. Delepierre)

329. Frère. Manuel du bibliographe normand, dictionnaire bibliographique et historique. *Rouen*, 1858-1860, 2 vol. gr. in-8, br.,
n. rog.

> Excellente biographie, dans laquelle on trouve des notices intéres
> santes sur l'histoire de l'imprimerie en Normandie. (Brunet, vol. II,
> col. 1390.)

330. Pieters. Annales de l'imprimerie elzevirienne, ou Histoire de
la famille des Elzeviers et de ses éditions, par Ch. Pieters ; seconde édition, revue et augmentée. *Gand*, 1858, in-8, gr. pap.
vél., dem.-rel. de cuir de Russie, n. rog.

331. Batines. Bibliografia Dantesca compilata dal Sig. Visconte de
Batines. *Prato*, 1845, 3 vol. in-8, papier collé, br., n. rog.

> Excellente bibliographie rare et épuisée.

RECUEILS — LOTS DIVERS

332. Renan. Vie de Jésus, par Ernest Renan. *Paris*, 1863, in-8.
—Méditations sur la mort et l'éternité, publiées avec la permission de la reine Victoria. *Paris*, 1863, in-8. Ensemble, 2 vol.
n. rog.

333. Chansons nouvelles sur les victoires remportées par les troupes du roy en Allemagne et en Italie. *A Troyes, chez P. Garnier*, 1734, in-12, cart.

> Cinq cahiers chacune, de 22 et 12 pages.

—Papillon qui mord (Le). Nouveau Lucien en douze dialogues,
suivi d'une lettre à M. Ouf. *Berlin*, 1753, in-12, veau jaspé.

334. Le Petit Hérodote ou l'enterrement des Fournier, en neuf
dialogues, par M. Beryber, academicien de la Nouvelle Zemble,
avec une lettre du même autheur à M. Ouf. *Berlin*, 1753, pet.
in-12, cart., n. rogné.

— Princesse de Fez (La). *Lyon, Th. Amaulry*, 1681, 2 vol. pet.
in-12, v. br.

— Voyageuse Languedocienne (La), ou les Aventures de Mademoiselle Lanoy, comtesse d'Itry. *Neuchatel*, 1789, 2 parties en 1 vol.
in-18, br., n. rog.

335. Pasquinades. Le Songe de Pasquin, ou l'état de l'Europe au
Bal de Montecavallo. *A Cologne, chez P. du Bours*, 1689, in-12
de 59 pp.

— Gazette infernale, ou Nouvelles extraordinaires venant du royaume de Pluton. *Au bord du Styx*, 1691, in-12 de 24 pp.

—Nouvelles du Parnasse. *Au Parnasse, chez M. Apollon*, 1691, *à la Sphère*, in-12, de 30 pp.

—Le Reveil-matin des Alliez, vingt-deuxieme dialogue sur les affaires du temps. *Sans lieu (Hollande)*, 1693, in-12 de 48 pp.

—La Médaille retournée, ou la fable du Sapin et du Buisson. Bouts-rimés, par M. Le Noble. *Jouxte la copie imprimée à l'isle inaccessible*, 1693, in-12 de 11 pp.

— La Campagne de 1693. *Sans lieu et année* (1693), in-12 de 87 pp.

—Manifeste de Guillaume II, roy d'Angleterre, d'Ecosse et d'Irlande, pour servir d'ouverture à la paix. *Sur l'imprimé à Londres*, 1694, in-12 de 35 pp.

—Pasquinades. L'Ombre de la Princesse d'Orange, reine de la Grande-Bretagne, apparue quelques jours après sa mort au prince d'Orange son epoux et roy usurpateur d'Angleterre. *Sur l'imprimé à Londres*, 1695, in-12 de 24 pp.

336. Ciro. La Metoscopia, overo commensuratione delle linee della fronte, del cav. Ciro Spontoni. *Venetia*, 1629, pet. in-8, fig., dem.-rel. de v., petit raccommodage au bas du titre.

—Chyromantia del Tricasso da Ceresar Mantuano. *Vinegia, Piero Ravano della Serena*, 1530, fig., vél.

337. Brevio. Novelle di M. Giovanni Brevio. *S. l.*, 1799, br., n. rog.

—Vita della Picara Giustina Diez; Regola de gli animi licentiosi. *Venezia, Barezzo Barezzi*, 1628, in-8, vél.

338. Mutio. Il Duello del Mutio justinopolitano con le risposte cavaleresche. *Vinegia, G. Giolito de Ferrari*, 1554, 2 tom. en 1 vol., dem.-rel., vél.

—Porro. L'Horto dei Semplici di Padoua, ove si vede primieramente la forma di tutta la pianta con le sue misure, etc. *In Venetia, per Girol. Porro*, 1591, fig., vél.

> Bel exemplaire avec fig. et portrait de Cortusius gravés par Gir. Porro.

—Martinelli. Horologi elementari divisi in quattro parti fatti, con l'Acqua, con la Terra, con l'Aria, et col Fuoco. *Venetia*, 1669, vél. Ensemble 3 vol.

339. Strozzi. Canzone contro la superbia. *Firenze*, 1642, in-4, cart.

—Pompe della primavera nascente (Le), festa a cavallo. 1671, *Torino, Bart. Zapata,* 1671, in-4, cart.

—Viali. Ringraziamento à Pisa. *Padova,* 1675, gr. in-4, avec frontispice gravé par Kenneuer, vél. doré, comp. en or. Ensemble 3 vol.

340. Philo Judæus, de divinis decem oraculis, quæ summa sunt capita, Joan. Vaenræo interprete. *Lutetiæ, Car. Stephanus,* 1554, in-8, mar. r., dent., en or, tr. dor. (*Vol. rare.*)

—Rolandi Maresii Epistolarum. *Lutetiæ-Parisiorum,* 1650, in-12, *n. rog.*

—Olao. Historiæ de gentibus septentrionalibus , auctore Olao Magno, Gotho, Archiepiscopo Upsaliensi, Suetiæ et Gothiæ primate. *Antverpiæ, apud Joan. Bellerum. s. a.,* pet. in-8, fig. sur bois, vél.

341. Arlequin esprit follet, comédie. *Sans lieu,* 1732, 72 pp., v. jaspé.

—Lamotte Veyer. Hexameron rustique, ou les Six Journées passées à la campagne entre des personnes studieuses, par la Mothe Le Veyer. *Amsterdam, chez P. Mortier, à la Sphère,* 1698, avec titre gravé et imprimé, vél. (Bel exemplaire.)

—Entretiens ou Amusemens sérieux et comiques. *Amsterdam,* 1705, v. br. Ensemble 3 vol. in-12.

342. Marci Zverii Boxhornii Emblemata politica et orationes. *Amstelodami, J. Jansonii,* 1635, pet. in-12, fig. sur cuivre, vél.
 Bel exemplaire avec epreuves. Belle reliure molle avec cordons.

— Omnia D. And. Alciati Emblemata, etc. *Lugduni, G. Rouillium,* 1574, in-16, fig., veau brun. (Mouillure d'eau à la marge du bas.)

343. La Bersabe di Ferrante Pallavicino. *Venetia,* 1654, in-12, cart., non rogné. — Bisaccioni. Novelle del Marchese Scipione Bissaccioni; etc. *Venetia,* 1664. in-12, vél., non rogné.

344. Durandi. Del Collegio degli antichi cacciatori Pollentini in Piemonte e della condizione dei cacciatori sotto i Romani. *Torino,* 1773, in-8, cart. — Russelli. Ragionamento sopra i motti, et disegni d'arme, et d'amore, che comunemente chiamano imprese. *In Milano, Ant. de gli Antonii,* 1559, in-8, fig. sur le titre, cart. (Bel exemplaire.)

345. Recueils de Chants historiques Français depuis le XIIe jusqu'au XVIIIe siècle, par Leroux de Lincy. *Paris,* 1841, 2 vol. — Les Poésies du duc Charles d'Orléans, publiées par M. Aimé Champollion-Figeac. *Paris,* 1843, ensemble 3 vol. gr. in-18, br., non rognés.

346. Targioni-Tozzetti. Rapporto delle Adunanze dell' Accademia di Belle Arti. *Firenze,* 1838. — Torre di Rezzonico. Discorsi accademici. *Parma,* 1772, fig. grav., vignettes, encadrements. — Benvenuti. Observations sur les peintures de la Coupole de la Chapelle des Princes de St.-Laurent. *Florence,* 1837, in-8. Ensemble 3 vol. in-8, non rognés.

347. Casa. Istoria o brevissima Relazione della distruzione delle Indie occidentali. *Venetia,* 1630, in-4, avec le texte espagnol, cart. (Taché.) — Ordini e capitoli sopra la Stancia e Politica dell' illustrissima città di Mondovi. *In Mondovi, per Vinc. e G. Franc. Rossi,* 1618, in-4, cart.

> Dans le même volume : Memorie spettanti la famiglia Perlasca, e terra di tal nome, ricavate dall' antiche istorie e publici libri della città di Como. *Mondovi, Rossi,* 1770. — Carino, Dissertazione istorica sulla Monregalese tipografia ed altri opuscoli.

348. Gelli. Capricci del Bottajo. *Firenze,* 1755, rogné. — Bembo. Degli Asolani libri tre. *Verona,* 1743. Tetto di Lingua. — Menzini. Satire di Benedetto Menzini, cittadino Fiorentino. *Amsterdam (Firenze),* 1718, in-8, vél. Bel exemplaire en grand papier; ensemble 3 vol. gr. in-8, non rognés.

349. Chiesa. Fiori di blasoneria, per ornar la corona di Savoja, con i freggi della nobilità. *Torino,* 1645, vél. — Tarizzo. Ragguaglio istorico dell' assedio, difesa e liberazione della città di Torino. *Torino,* 1707, vél.

> Bel exemplaire, avec le plan de la ville qui manque presque toujours.

— Breve Discorso sopra l'autorità del gran maestro et privilegi della cavaglieria, della religione de Santi Maurizio et Lazaro, et autres ouvrages. *Torino,* 1638, vél. ; ensemble 3 vol. in-4.

350. Nouveau Recueil de Chansons choisies avec les airs notés. *Genève (Cazin),* 1785, 4 vol. pet. in-12. — Amours d'Ismène et d'Ismenias (Les), suivis de ceux d'Abrocome et d'Anthia. *A Genève,* 1782, pet. in-12, fig.; ensemble 5 vol. pet. in-12, br., non rognés.

351. Le Livre des Proverbes Français, par Le Roux de Lincy. *Paris,* 1842, 2 vol. in-12, br., non rogné. — Fragonard. Les Aventures drolatiques de Gargantua, Panurge et Pantagruel, mises en vers. *Paris, Jules Gay,* 1861, in-12, br., non rogné. — Maigne. Dictionnaire encyclopédique des Ordres de Chevalerie civils et militaires. *Paris,* 1861, in-16, fig., papier fort, br., non rogné.

352. Filippo. Historia dell' imagine di Nostra Donna di Mondovi a Vico. *Mondovi,* 1627, fig. sur le titre, vél. (Bel exemplaire.) — Cronologia pontificale, che contiene le vere Effigie, i Nomi,

Cognomi et Patria di tutti i Pontefici. *In Siena, Florimi, s. a.*, fig. et portraits, cart. — Cadana. La Corte per l'avvento di Nostro Signore. *Torino,* 1644, titre gravé et imprimé vél. (Bel exemplaire.) Ensemble 3 vol. in-4.

353. Les Amans trompez, Histoires galantes. *Amsterdam,* 1695, in-12, frontispice gravé. — Les Amours des Dames illustres de France, sous le règne de Louis XIV. *Cologne, P. Marteau, s. d.*, tome 2e. — Les Quarts d'heure divertissants. *Amsterdam,* 1742, tome 2e. Ensemble 3 vol. in-12, br., non rognés.

354. Maniliani Bononiensis Monumenti historico-mystica lectio, interprete Alex. Nigro. *Bononiæ,* 1661, pet. in-4, avec armes de la famille sur le titre et deux grandes figures pliées. (Au bas du titre : *Liber gentis Bevilaquæ.*) — Decreta Provincialis Synodi Florentini. *Florentiæ,* 1574, in-4, vél.

355. Jehan de Paris, varlet de chambre et peintre ordinaire des Rois Charles VIII et Louis XII, par J. Renouvier. *Paris,* 1861, in-8, portrait.—Jacmart Pilavaine, miniaturiste du XVe siècle. *Amiens,* 1858, gr. in-8; ensemble 2 vol. br., non rogné. (Papier teinté, rare.)

356. Pithoud. Les Amours pudiques d'Henry et d'Emma, par Jean-Joseph Pithoud de Sorin. *Paris,* an XI, in-12, dem.-rel., non rogné. — Parrhasiana, ou Pensées diverses sur des matieres de Critique, d'Histoire, de Morale et de Politique, par Th. Parrhase. *Amst., Ant Schelle,* 1699, in-12, vél. (Bel exemplaire.)

357. Traité des couleurs pour la peinture en émail et sur la porcelaine, par M. Arclais de Montamy. *Paris, Cavelier,* 1765, in-12, cart., non rogné. — Recueil des descriptions de peintures et d'autres ouvrages faits pour le Roy (par A. Félibien). *Paris, Ve Séb. Cramoisy,* 1689, in-12, v. jaspé. — Traité de mignature, pour apprendre à peindre sans maître, etc. *Paris, Ch. Balard,* 1684, pet. in-12, vél.

358. Trésor Héraldique d'après Hozier, Menestrier, Boisseau, etc., par de la Porte. *Paris,* 1864, *fig.* — Chesnau. L'art et les artistes modernes en France et en Angleterre, par Ernest Chesnau. *Paris,* 1864. — De Ris. La Curiosité. Collections françaises et étrangères, Cabinets d'amateurs, Biographies. *Paris,* 1864, in-12 ; ensemble 3 vol. gr. in-18 br., non rogné.

359. Schaedel. De Sarmacia regione Europe. De Regno Polonie et eius initio. *Norimberge,* 1493, gr. in-folio, fig. et cartes sur bois.

Cette partie manque souvent à la chronique de Nuremberg.

— Descrizione della festa drammatica offerta nella gran sala della Ragione, in Padova, a Francesco Primo e Maria Lodovica. *Padova*, 1816, in-folio, avec 2 planches. — Palladio. Le Fabbriche piu conspicue, etc. Tomo V, avec 25 planches en grande partie (doubles) et autres. *Genova*, 1844, in-folio. — Iacomino, Marc'Antonio. Saggio de diversi cavalleri moderni, per uso de chi vuol imparare a scrivere. *Napoli*, 1762, in-4 oblong de 6 feuillets.

360. Pie Meditationi per tutti i giorni della Settimana. *Venetia*, 1584, fig. et bord. à chaque page, cart. — L'Inferno aperto al Cristiano perche non v'entri, etc. *Roma*, 1693, fig., cart.

> Les figures de cet ouvrage, publié par un jésuite qui ne l'a pas signé de son nom, sont dignes de l'auteur.

— Specchio del Signor Dio, de specchiarsi ogni fedel Christiano, cosi huomo come Donna, almeno una volta al giorno. *Milano*, 1620, in-8, fig. sur le titre, et 12 planches xylographiques de « Arte del morire. » Ensemble 3 vol. in-8, cart.

361. Le Génie d'Alfonse V, Roi d'Aragon et de Sicile, ou ses pensées. *Paris*, 1765, in-12, veau jaspé. (Rare.) — La Vie de Mahomet, par M. Pridaux, enrichie de fig. en taille-douce. *Amsterdam, G. Gallet*, 1699, in-12, fig., v. br.

362. Délices de la Hollande (Les). Avec un traité du gouvernement et un abrégé de ce qui s'est passé de plus mémorable, par J. de Parival. *A Leyde*, 1660, pet. in-12, vél. — Intérêts nouveaux des princes de l'Europe, revus, corrigés et augmentés. *Cologne, P. Marteau*, 1686, gros in-12, v. br. — Cabinet des Princes (Le). *Bruxelles, chez Jean Petit, s. a.*, pet. in-12 de 360 pp., v. brun (*Rare.*)

363. Antiquité des Larrons (L'). Ouvrage non moins curieux que delectable. *A Rouen, chez David Ferrand*, 1632, in-12 de 240 p. — Contes Chinois, ou les Aventures merveilleuses du Mandarin Fum-Hoam. *A La Haye, P. Gosse*, 1725, 2 vol. en un in-18, cart., non rogné.

364. Grimoire du pape Honorius, avec un recueil des plus rares secrets. *Rome (Paris)*, 1760. — Enchiridion du pape Léon, envoyé comme un rare présent à l'empereur Charlemagne. *Rome (Paris)*, 1740. — Les Véritables Clavicules de Salomon, trésor des sciences occultes, secrets, cabale du papillon. *Memphis (Paris)*, s. d. (1750), 3 vol. in-16, jolie reliure en v. jaspé, tr. rouge. (*Rare.*)

365. Examen de la confession de foy du Vicaire Savoyard contenu dans Emile, par M. Bitaubé. *Berlin*, 1763, in-12, v. jaspé. — Réfutation d'un écrit intitulé : Projet de Mandement de M. l'Evêque de Mirepoix au sujet de la constitution *Unigenitus*. *A Lyon*, 1715, in-12, v. brun. — Examen du traité de M. Jean Savaron, de la Souveraineté du Roy et de son Royaume. *S. a. (Paris)*, 1615, pet. in-8, cart.

366. Réflexions sur la milice et sur les moyens de rendre l'administration de cette partie uniforme et moins onéreuse. *S. l.*, 1760, in-12, éleg. dem.-rel., non rogné. — Traité des Armes, des Machines de guerre, des Feux d'artifices, etc., par le Sieur de Gaya. *Paris, Seb. Cramoysy*, 1678, in-12, fig., cart. — Le Politique Danois, ou l'Ambition des Anglais démasquée par leurs pirateries, etc. *A Coppenhague, chez Fred. Mons*, 1756, in-12, br., non rogné. — Le Parfait Homme de guerre, ou l'idée d'un héros accompli. *Amsterdam, Desbordes*, 1699, in-12, portr., cart., non rogné.

367. Dissertation sur les Porches des Eglises, dans laquelle on fait voir les divers usages, etc. *A Orléans, chez Fr. Hoyot*, 1679, in-12, v. brun. (*Livre rare.*)

Recueil de pièces, dans lesquelles sont établies la distinction, l'étendue et les bornes de deux puissances ecclésiastiques et tempi relles, etc. *Sans lieu*, 1753, in-12, élég. dem.-rel. non rogné.

368. Bordelon. Caractères naturels des hommes en cent dialogues. *A La Haye, chez L. et H. Dole*, 1692, pet. in-12, vél. — Idée de la Religion chrétienne, où l'on explique succinctement tout ce qui est nécessaire pour être sauvé. *Paris*, 1740, in-12, v. br. — Les Caractères de l'homme sans passions, selon les sentimens de Sénèque. *Paris*, 1665, in-12, v. brun.

369. Quatre Discours de la Componction, par S. Ephrem le Syrien. *Paris*, 1697, in-18, v. br. (*Edition originale.*) — Réflexions sur ce qui peut plaire et déplaire dans le commerce du monde, par l'abbé Bellegarde. *A La Haye*, 1658, 2 vol. in-12, titre gravé et imprimé, cart., non rogné. — Prévention de l'Esprit et du Cœur (De la), divisée en deux entretiens. *Paris, Mart. Juvenel*, 1689, in-12, veau brun. (*Première édition.*)

370. Didon, tragédie par M. de Scudéry. *Paris, Augustin Courbé*, 1637, in-4, *fig.* Exempl. taché et piqûre. (*Edition originale.*) — Mémoire théologique et politique au sujet des mariages clandestins des protestants de France. *S. l.* (*Paris*), 1755, in-8, br., non rogné. (*Volume rare.*)—Constitution de la République française une et indivisible (La). *Paris, Imprimerie nationale*, an III (1795), in-8, br., non rogné. Ens. 3 vol.

371. Regalium Franciæ libri duo, iura omnia et dignitates Christianiss. Galliæ Regum continentes, Carolo Degressalio. *Parisiis, apud Galeotum Pratensem*, 1545, in-8, vél. — Declaratio Amarulentiarum erasmice responsionis ad apologia fratris Ludovici Carvaiali, ab eodem Ludovico ædita. *Parisiis, Sim. Colinæum*, 1530, in-8, cart.

Bel exemplaire à toute marge, avec titre encadré, gravé dans le genre *criblé*, par Geoffroy Tory.

372. Voyages de Gulliver. (*Seconde édition.*) *A Mildende,* 1727,
2 vol. in-12, v. jaspé. — Sorbière. Relation d'un voyage en
Angleterre, où sont touchées plusieurs choses qui regardent
l'estat des sciences et de la religion, et autres matières curieuses.
A Cologne (à la Sphère), 1666, pet. in-12, vél.

Bel exemplaire, avec la carte au feuillet 78.

373. Fracastori. De Syphilide. *Romœ, Bladum Asculanum,* 1531,
in-4, vél. (*Editio princeps.*) — Verinus. Ugolini Verini, poetæ
Florentini, de illustratione Urbis Florentiæ libri tres. *Florentiæ,* 1636, in-4, cart., non rogné.

374. Garzoni. L'Hospedale de Pazzi incurabili, contre capitoli
sopra la Pazzia. *Venetia,* 1586, in-4, dem.-rel., vél.

Bel exemplaire de la *première édition.*

374 *bis.* Grazzini. Il Conquisto di Granata. *Venezia,* 1789, 2 vol. in-12,
pap. vél., *portr. et fig.,* cart., non rognés. — Cicalata sopra la
Coda in forma di lettera indirizzata alla Signora N. N. e di rami
allusivi fregiata. *In Campo Gauditano,* 1765, gr. in-8, *fig.,*
cart.

Pièce facétieuse rare.

375. Brief discours de la Source, Vertu, et Efficace du Iubilé. A
Mgr George, card. d'Armagnac. *Avignon, P. Roux,* 1576,
avec texte latin et avec autographe sur le titre de *Henricus
Suarez Avenionensis,* 1586. — Moyens d'abus, entreprises et
nullitez du Rescrit et Bulle du pape Sixte V du nom, en date
du mois de septembre 1585, contre le sérénissime prince
Henry de Bourbon, roy de Navarre, etc. *A Ambrum, par
Pierre Chaubert,* 1586, in-8, cart.

376. Aveugle (L') de la montagne. Entretiens philosophiques. *S. l.
(Parme, Bodoni, s. a.),* titre gravé par Rosaspina, in-18, élég.
dem.-rel., non rogné. — Les Iniquités découvertes, ou Recueil
de pièces curieuses et rares, qui ont paru lors du procès de
Damiens. *Londres,* 1760, in-12, élég. dem.-rel., non rogné.

377. OEuvres de madame et de mademoiselle Deshouillières.
Paris, 1768, 2 vol. in-16, veau jaspé. — OEuvres diverses de
mademoiselle de la R*** G***, contenant quelques histoires
gaiantes et plusieurs autres pièces. *A Amsterdam, chez J. Fred.
Bernard,* 1711, in-12, cart., non rogné.

378. L'Oracle des Déserts, où sont le nom de sainte Marie Egyptienne, etc. *Lyon,* 1625, gros in-12, mar. br., tr. dor. — Testament. Le Nouveau Testament. *Mons, Gaspard Migeot,* 1667,
in-8, veau fauve, tr. dor.

379. Pensées morales de divers auteurs chinois, recueillies et trad. par M. Levesque. *Dresde*, 1786, in-12, élég. dem.-rel., non rogné. — Pensées diverses, ou Réflexions sur l'esprit et le cœur. *Paris*, 1748, in-12, élég. dem.-rel., non rogné.

380. L'Art Héraldique, contenant la manière d'apprendre facilement le Blason, par A. Plaine. *Paris, Charles Osmont*, 1717, in-12, *fig.*, veau jaspé, dos orné. — Boiteau. Les Cartes à jouer et la Cartomancie. Ouvrage illustré de 40 figures sur bois. *Paris*, 1854, in-18, pap. vél., br., non rogné. (*Première édition.*) — Patin. Introduction à la Connoissance des Medailles, par Charles Patin. *A Padoue*, 1691, pet. in-8, *fig.*, cart., non rogné.

381. Sorbin. Histoire contenant un abrégé de la vie et des mœurs et vertus du roy chrétien Charles IX, par A. Sorbin. *Paris, Guillaume Chaudière*, 1674, in-8, cart. — Sommaire et Explication de l'Edict du roy, par lequel il ordonne que les mères ne succéderont à leurs enfants, par Nic. Mellier. *Paris, Simon Calvarin*, 1573, in-12, cart. — Recueil des Poincts principaux des Remonstrances faictes en la Cour du Parlement de Paris, etc., par M. Guy du Faur. *Paris, Rob. Estienne*, 1573, in-12, cart. (*Bel exemplaire.*)

382. Descartes. Le Monde de M. Descartes, ou Traité de la lumière et autres principaux objets de sens. *Paris, Jacques Le Gras*, 1664, in-8, *fig.*, veau jaspé.

Dans le même volume: Discours de la Fievre, 30 pp. plus un feuillet blanc. Première édition rare.

— Le Jeu du Trictrac, comme on le joue aujourd'hui, *avec figures. Paris, H. Charpentier*, 1698, in-12, *fig.*, cart. (*Edition originale.*) — Sainte-Marie. Dom Pierre (De). Traité d'Horlogiographie, etc. *Lyon*, 1691, in-8, avec 72 planches de figures, v. brun.

383. La Princesse de Montpensier. *Amsterdam*, et se trouve à *Paris, rue et hôtel Serpente*, 1786, pet. in-12, v. br. — Mémoires de M. L. D. M. *A Cologne, chez P. Marteau*, 1675, in-12 de 120 pp., plus 17 pp. pour la lettre, in-12, v. brun.

384. L'Evangile de la Raison. *S. l.*, 1768, in-12, dem.-rel. mar. rouge. (*Rare.*) — Le Père Désirant, ou Histoire de la Fourberie de Louvain. *S. a. et l.*, 1710, in-12, v. brun. (*Livre rare et curieux.*) — Le Vrai Philosophe, ou l'usage de la Philosophie, relativement à la société civile, à la vérité, à la vertu. *Amsterdam*, 1766, in-12, cart., non rogné.

385. Proverbes. Les Illustres Proverbes historiques, ou Recueil de diverses questions curieuses, pour se divertir agréablement

dans les compagnies. *Lyon, A. Besson, s. d.*, pet. in-12, v. jaspé, tr. rouge.

— Le Génie d'Alphonse V, roy d'Aragon et de Sicile, ou ses pensées. *Bruxelles*, 1765, in-12, v. jaspé.

386. Histoire du grand Tamerlan, par le sieur de Sainctyon. *Lyon*, 1691, in-12, v. br., *fig. sur le titre.* — Les Mémoires de M. L. P. M. M. Colonne G., Connétable du royaume de Naples. *A Cologne, chez Pierre Marteau*, 1674, pet. in-12, v. br. — De la Science du Monde et des Connoissances utiles, par M. de Caillières. *Bruxelles*, 1719, in-18, v. j.

387. Bossuet. Traité de la Communion sous les deux espèces, par Messire Jacques-Benigne Bossuet. *Suivant la copie à Paris, chez Séb. Mabre-Cramoisy*, 1682, pet. in-12, vél. *(Edition elzévirienne rare.)* — Gerlac. Les Soliloques de la vie de Gerlac, dit un autre Thomas a Kempis. *Paris, chez Savreux*, 1667, in-12, vél. — Instruction sur les estats d'Oraison, où sont exposées les erreurs des faux mystiques de nos jours. *Paris, Anisson*, 1697, in-8, v. f. *(Edition originale.)*

388. Réponse générale au nouveau livre de M. Claude. *Paris, veuve Ch. Savreux*, 1671, in-12, v. br., tr. dor. — Réflexions, ou Sentences et Maximes morales, augmentées de plus de deux cents nouvelles Maximes. *Suivant la copie imprimée à Paris*, 1692, pet. in-12, v. — Placette. Divers traités sur les matières de conscience. In-12 de 8 feuill. et 365 pp.

389. Fénelon. Démonstration de l'existence de Dieu, tirée de la Connoissance de la nature. *Amsterdam*, 1716, in-12, veau brun. — Exposition de la Doctrine catholique sur les matières de controverse, par Jacques-Benigne Bossuet. *Sur l'imprimé à Paris*, 1706, in-12, v. brun. — Maximes des Princes et Estats souverains. *Sur l'imprimé à Cologne*, 1666, in-12, v. brun.

390. L'Art de connaître les Hommes, par M. l'abbé de Bellegarde. *Amsterdam*, 1710, in-12, vél.

— Lettre de dom Claude de Vert sur les cérémonies de la messe. *Paris, Florentin et P. Delaulne*, 1690, in-12, v. brun.

391. Recueil historique, contenant diverses pièces curieuses de ce temps. *Cologne, Chr. Van-Dyck*, in-12, vél. — Critique générale des Avantures de Télémaque. *Cologne, chez les héritiers de P. Marteau*, 1700, 2 parties en un vol. in-12, titre gravé et imprimé, v. brun. — Le Jour des Sçavants de l'an 1665, par le sieur

Hedouville. *A la Sphère, à Cologne, chez P. Marteau*, 1665, pet. in-12, cart., non rogné.

Pemier volume, très-intéressant pour son contenu.

392. Essai historique et patriotique sur les Arbres de la Liberté, par Grégoire, membre de la Convention nationale. *Paris, Desenne, Bleuet, Firmin Didot (imprim. de Didot l'aîné), an II*, in-18, pap. vélin, de 68 pp. br. — Langlès. Recherches sur la découverte de l'essence de roses, par L. Langlès. *Paris, Impr. impériale*, 1804, in-18, v, jaspé.

Deux opuscules rares.

393. Traité de l'Education d'un prince. *Paris, Vᵉ Ch. Savreux*, 1671, in-12, v. brun. — Testament ou Conseils fideles d'un bon père à ses enfans, par P. Forlin, sieur de la Hoguette. *Paris, Ant. Vitré*, 1648, gros in-8, fig. sur le titre vélin, taché d'eau. — Maximes avec des exemples tiréz de l'Histoire Sainte et prophane. *A la Haye*, 1726, pet. in-12, cart., non rogné.

394. Cinq Dialogues faits à l'imitation des Anciens, par Oratius Tubero. *Mons, Paul de la Plèche*, 1673, in-12, v. brun. — Essai historique, critique, philologique, politique, moral, littéraire et galant sur les lanternes, leur origine, leur forme, leur utilité, etc. *A Dole, chez Lucuophile*, 1755, in-12, v. jaspé.

395. Histoire de la decadence de l'empire après Charlemagne, par M. Maimbourg. *Suivant la copie, à Paris*, 1681, in-12, vél. — Refuge. Traicté de la cour, ou instruction des courtisans, par M. Du Refuge. *A Amsterdam, chez les Elzevier*, 1656, pet. in-12, vélin d'Hollande.

Bel exemplaire de cette édition elzévirienne.

— Les Passions de l'âme. *Amsterdam, chez Louis Elzevier*, 1650, pet. in-12, vélin.

396. Les Excentricités du langage français, par Loredan Larcher *Paris*, 1861, in-12, fig., br., non rogné.—Mes Loisirs, ou Pensées diverses de M. le chevalier d'Arc, avec l'apologie du genre humain. *Paris*, 1751, in-12, élég. dem.-rel., non rogné. — Discours de la nature et des effets du luxe, par le P. G. B. *Turin*, 1768, in-12, élég. dem.-rel., non rogné.

397. Deshouillières. OEuvres, augmentées de leur éloge historique. *Paris*, 1768, 2 vol. in-18, v. jaspé. (*Bel exemplaire.*) — Satyre contre les maris par le sieur R*** T. D F. Suivant la copie de Paris. *Amsterdam*, 1695, in-12. — Satyre du sieur Despréaux contre les femmes, par M. Perrault. *Amsterdam*, 1694. — Apologie des femmes, par M. Perrault. *Amsterdam*. — Nouvelles remarques sur la satyre de M. Boileau contre les femmes 3 pièces en un vol. pet. in-12.

398. Talier. Nuovo Plico d' ogni sorta di tinture, arrichito di rari e bellissimi segreti per colorire animali, vegetabili e minerali. *Venezia*, 1780, in-12, élég. dem.-rel., non rogné. — Giacometti. Nuovo giuoco di Scacchi, ossia il giuoco della guerra. *Genova*, 1804, in-8, fig., br., non rogné.

399. Livre à la mode (Le), ou le philosophe rêveur, par le chev. des Essarts. *Amsterdam*, 1770, in-12, cart. — Le Moine Marchand, ou traité contre le commerce des Religieux. *Amsterdam*, 1714, in-12, avec frontispice gravé, v. brun. — Alexis. Les Secrets, divisez en deux parties et chacune d'icelles en six livres. — Les Recettes de divers auteurs, etc. *Anvers, Plantin*, 1561, 3 parties en un vol. in-8, v. br., à comp.

400. O∴ ou Histoire de la fondation du Grand Orient de France. *Paris, Dufart*, 1812, in-8, br., non rogné. (*Rare.*)

401. Eloge et Pensées de Pascal, commenté et corrigée. *Paris*, 1778, in-8, br., non rogné. — Defense de l'Esprit des Loix, à la quelle on a joint quelques eclaircissements. *Genève*, 1750, in-12, cart., non rogné. *Exemplaire en grand papier.* — Sentimens critiques sur les Caractères de Monsieur de la Bruyère. *Paris, Michel Brunet*, 1701, in-12, v. brun.
Bel exemplaire de l'ÉDITION ORIGINALE.

402. Almanac de Gotha. Annuaire diplomatique et statistique pour les années 1852, 1854, 1855, 1857, 1858, 1859, 1860, 1861, 1862, 1863, 1864, ensemble 11 vol., cart.

403. Saggio del conte Algarotti sull' Architetura e sulla Pittura. *Milano, s. a.*, in-12, cart. *Exempl. sur papier fort.* — Titi. Studio di pittura, scoltura et architettura, nelle chiese di Roma, di F. Titi. *Roma et in Macerata, G. Piccini*, 1675, pet. in-12, cart., non rogné. — Notizie storiche dei palazzi et ville appartenenti alla R. Corona di Toscana. *Pisa, Nicolo Capurro*, 1815, in-16, br.

404. Recueil de Pièces curieuses sur les matières les plus intéressantes, par Albert Radicati, comte de Passerant. *Rotterdam*, 1736, in-8, v. jaspé, fil., tr. dor. (*Bel exemplaire d'un livre rare.*)

405. Lettres Persanes, etc., troisième édition. *A Amsterdam, chez Jacques Desbordes*, 1730, 2 vol. in-12, mar. citron, tr. dor. (*Bel exemplaire.*) — Mémoires du comte de Grammont, par le C. Antoine Hamilton. *S. l.*, 1749, 2 vol. in-12, v. jaspé.

406. La comtesse de Candale. *Paris, Jean Ribou*, 1672, 2 tom. en un vol. in-12, vignettes, v. brun. (*Première édition.*) — Memoires d'Hollande. *Sur l'imprimé à Paris chez Estienne Michallet*, 1678, in-12, v. br. — Amusements philosophiques sur le Langage des Bestes. *Paris*, 1739, in-12, cart., non rogné.

407. Lo Strucciero di Bernardino Gallegaris, nobile Opitergino. *Venetia*, 1646, pet. in-8, dem.-rel., mar. rouge. (*Rare.*)

408. Pensées morales. *Paris, Desenne, s. d.*, in-12, dem.-rel., non rogné. — Extraits de quelques poësies du XIIe, XIIIe, et XIVe siècle. *A Lausanne, chez Fr. Grasset*, 1759, pet. in-8, élég. dem.-rel., non rogné.

409. Les Poesies du duc Charles d'Orléans, publ. par Aimé Champollion-Figeac. *Paris*, 1843. — Villemarque. Hersant (De la). Les Romans de la Table Ronde, et les Contes des anciens Bretons. *Paris*, 1860, gr. in-18. — Les Cartes à jouer et la Cartomancie, par Paul Boiteau, illustré de 40 gravures sur bois. Ensemble 3 vol. gr. in-18, br., non rogné.

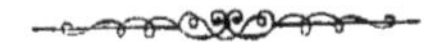

Paris. — Imprimé chez Jules Bonaventure, 55, quai des Grands-Augustins.

9 782329 546605